现代教师发展丛书

教师怎样设计一堂好课

◎严先元 编著

教师怎样让师德师风落地生根
教师怎样引导学生更新学习方式
教师怎样用好新信息技术
教师如何进行教育评价
教师怎样做教育行动研究
新课程的课堂教学诊断
教师怎样进行校本研修
教师怎样教学是什么样子
教师怎样设计一堂好课
教师怎样进行课堂教学质量的管理

东北师范大学出版社
NORTHEAST NORMAL UNIVERSITY PRESS

·长春·

图书在版编目(CIP)数据

教师怎样设计一堂好课 / 严先元编著. —长春：东北师范大学出版社，2020.7

（新时代教师发展丛书 / 严先元主编）

ISBN 978 - 7 - 5681 - 7006 - 2

Ⅰ. ①教… Ⅱ. ①严… Ⅲ. ①课堂教学－教学设计－中小学 Ⅳ. ①G632.421

中国版本图书馆 CIP 数据核字(2020)第130050号

□责任编辑:吕秋丹　□封面设计:隋福成
□责任校对:马启娜　□责任印制:许　冰

东北师范大学出版社出版发行

长春净月经济开发区金宝街 118 号(邮政编码:130117)

电话:0431-84568105

网址:http://www.nenup.com

东北师范大学音像出版社制版

辽宁新华印务有限公司印装

沈阳市张士经济技术开发区

中央大街六号路 14 甲－3 号(110021)

2020 年 7 月第 1 版　2020 年 7 月第 2 次印刷

幅面尺寸:169 mm×239 mm　印张:15.75　字数:228 千

定价:90.00 元

总　序

教师是立教之本、兴教之源。教师作为教育发展"第一资源"的价值判断，确定了教师在实现中华民族伟大复兴中国梦进程中的重要作用。中共中央、国务院在《关于全面深化新时代教师队伍建设改革的意见》中明确指出："教师承担着传播知识、传播思想、传播真理的历史使命，肩负着塑造灵魂、塑造生命、塑造人的时代重任，是教育发展的第一资源，是国家富强、民族振兴、人民幸福的重要基石。"这不仅强调了教师与现代化国家的共生关系，更突出了建设高素质、专业化、创新型教师队伍与建设具有中国特色社会主义现代化强国之间的密切关联。

党的十九大报告指出，使命呼唤担当，使命引领未来。建设高素质、专业化、创新型教师队伍任重道远。我国有研究者指出，建设这样一支队伍主要有三条基本途径：一是个体内在路径，二是制度外部路径，三是文化融合路径。① 本书在这三个方面都有涉及，但更多地聚焦于教师主体性实践的个体内在路径，对当前广大教师来说，这可能是更适切的。

关于本丛书内容选择，主要出于以下考虑：习近平总书记曾在《求是》杂志发表《一个国家、一个民族不能没有灵魂》的重要文章，他引用《左传·襄公二十四年》中的话"太上有立德，其次有立功，其次有立言"，教导我们要"立德""立功""立言"，才能创不朽之业。本丛书重视通过"以德立身、以德立学、以德立教、以德育德"，促进师德修养提升，不仅有专册论述，而且在各册中突出价值定位和价值引领。由于教师的"建功立业"在时间和精力上大多用于"教学活动"，特别是用在"提高教学质量的主阵地——

---

① 朱旭东，宋萑，等. 新时代中国教师队伍建设的顶层设计 [M]. 北京：北京师范大学出版社，2018：8-9.

课堂教学"上,因此我们针对教学诊断、教育评价、教育行动研究、校本研修等都做了分册撰述。同时,根据教师专业的特质,教师发展必须以"实践性知识"作为支撑,我们也从校本研修、行动研究、技术促进学习和提高信息素养等方面做了一些专门的讨论,希望教师以"立言"的形式进行创新探索,积淀经验成果,实现交流互动。

建设教育强国是中华民族伟大复兴的基础工程,我们每一位教师都为投身这伟大斗争、伟大工程、伟大事业、伟大梦想而深受鼓舞。我们深信,经过奋发努力,"教师综合素质、专业化水平和创新能力大幅提升,培养造就数以百万计的骨干教师、数以十万计的卓越教师、数以万计的教育家型教师","广大教师在岗位上有幸福感、事业上有成就感、社会上有荣誉感,教师成为让人羡慕的职业"的目标一定能实现。

为此,我们期待着本套丛书的出版能够为广大基层教师的教育教学工作带来一定的帮助。

2020 年 7 月

前　言

上课，是教师专业活动最重要的一个领域；上课，也是教师实现自身价值的一种特有的生存方式；上课，更意味着教师的生命投入、智慧努力和创造追求。每位教师其实都在构造着自己心目中的理想的课堂。一位特级教师曾经这样写道：

课堂，你曾像一个密不透气的箱/禁锢了思想的自由飞翔；

课堂，你曾像一把锁/锁住了心灵的驰骋/锁定了智慧的生长；

课堂，你曾像一把标准剪刀/裁断了无数学童充满诗意的梦；

课堂，你曾像一座庙/因为有太多的清规戒律/一个无法令孩童们心驰神往的地方……

不，久违了的课堂/你应是物欲的世界里一座永远不会沉没的岛/你应是岁月的风尘里一张永远不会褪色的像/你应是连通世间每一个角落的网站/你应是一扇自由呼吸的窗。

啊！课堂，我魂牵梦索的地方/啊！课堂，我生命成长的地方。[①]

上好一堂课不可能只是教师的即兴表演。对于上课这样一种复杂的创造性活动来说，没有教师的周密思考和精心设计，要实现其社会功能，只能是一种奢望。教师们常说："堂上一节课，堂下千滴汗。"这说明设计一堂好课必须付出艰苦的智力劳动。那么，设计一堂好课应该符合什么要求，又要把握好哪些具体的操作环节呢？这就是本书想要讨论的问题。

---

① 曹永鸣. 构建生态课堂，实现生命对话 [J]. 人民教育，2003（21）.

当前，课程改革的"再出发"对教学设计注入许多"活水"，如，对"三维目标"的新理解、新阐释，对教学策略的"学习取向"，对设计规范的"逆向"调整，对"教—学—评"一体化的探索等等，本书都做了一定的采择，相信会给读者以帮助，以启迪。

目 录 Content

第一章

什么样的课才是一堂好课

课堂教学是提高教学质量的主阵地，课堂教学质量的提高以课堂教学设计为起始点。发展素质教育、推进课程改革，为学校教师拓展了创造的空间，许多教师都希望抓住良好的机遇，在改革的大潮中快速成长。"上好每一堂课"是教师专业生活的需要，也是教师内心的渴求。"上好课"必须以"备好课"作为保证。

课堂教学是提高教学质量的主阵地，课堂教学质量的提高以课堂教学设计为起始点。发展素质教育、推进课程改革，为学校教师拓展了创造的空间，许多教师都希望抓住这良好的机遇，在改革的大潮中快速成长。"上好每一堂课"是教师专业生活的需要，也是教师内心的渴求。"上好课"必须以"备好课"作为保证。那么，设计一堂好课应当遵循哪些具体要求呢？

一、　从教学的价值引领看一堂好课

　　社会主义核心价值观是社会主义核心价值体系的内核，体现社会核心价值体系的根本性质和基本特征，反映社会主义核心价值体系的丰富内涵和实践要求，是社会主义核心价值体系的高度凝练和集中表达。中央《关于培育和践行社会主义核心价值观的意见》指出，培育和践行社会主义核心价值观要从小抓起，从学校抓起，推动社会核心价值观进教材、进课堂、进学生头脑。因此，可以说，以价值观引领教学设计是"明方向""树根本"之举，是"凝心铸魂"的保证。

　　那么，价值和价值教育是怎么一回事呢？

　　"价值"是人们经常接触到的概念。马克思在《评阿·瓦格纳的〈政治经济学教科书〉》一文中指出："'价值'这个普通的概念是从人们对待满足他的需要的外界物的关系中产生的。"[①] 他还在《以李嘉图理论为依据反对政治经济学家的无产阶级反对派》一文中提到，价值有"表示物的对人有用或使人愉快等的属性"。[②] 从马克思以上所述可见，价值反映着主客体的关系，是客观事物满足人的需要所产生的一种意义的评价。

　　"价值"这一概念的使用范围很广，运用在不同领域，虽然本质属性并未改变，但其所指则有所不同。我国学者石中英指出[③]，在经济学领域中，"价

　　① 马克思，恩格斯. 马克思恩格斯全集（第19卷）[M]. 北京：人民出版社，1972：406.
　　② 马克思，恩格斯. 马克思恩格斯全集（第26卷）[M]. 北京：人民出版社，1973：326.
　　③ 石中英. 关于当前我国中小学价值教育几个问题的思考 [J]. 人民教育，2010（8）：6-11.

值"为"物的价值"或"客体的价值",主要反映物品或社会服务本身对于占有或消费它们的人们的有用性程度,而在伦理学和教育学领域中,"价值"为"人的价值"或"主体的价值"。在此意义上,"价值"即指人们——个体或群体——在行动时所应该坚持和体现的正确原则,同时是人们评价他人行为"好坏""对错"或"高尚与低俗"的重要标准。

根据以上的区分,"价值教育"(value education)不是有关如何增加物品或社会服务"有用性"的教育,而是有关人们什么样的行为才是"正当的""对的""好的"或"高尚的"的教育,是有关人们行为正当性原则的教育,因而也是有关培养正直的、真正的、有良好品格的人的教育。价值教育的任务不是要帮助学生掌握有效满足自己各种不同需要的方式方法,而是要帮助他们认识、体验、认同并在日常生活中践行那些被社会公认的正当性原则。从这个角度来说,"价值教育"在内涵上和外延上一方面涵盖了道德教育,另一方面又超越了道德教育,可以将它看作道德教育的拓展、丰富和深化。

教学中的价值引领正是基于价值教育的要求而提出的。

(一)教学设计应注重价值融入

课堂教学是社会主义核心价值体系教育的主渠道,要把各门课程蕴含的社会主义核心价值体系教育资源充分开发出来,把各门课程中社会主义核心价值体系的育人功能充分地发挥出来,使学生在课堂学习的过程中受到教育。

教学本身就具有丰富的教育价值和使命。从伦理精神与道德价值的视角观照当前的课堂教学,对于课堂教学教育性的落实意义重大。课堂不仅有教学效率、教学方法、课堂管理等科学性、规范性的要求,还有合理、善良与幸福等道德性的要求。道德的课堂着眼于教师和学生作为一个真正的人,着眼于学生的充分、全面、多元和自由发展,着眼于学生愉快、和谐的精神体验。这种课堂应当具有鲜明的教育价值观、鲜明的育人立场和明确的道德目标。[①]

---

① 郅庭瑾.道德的课堂:问题思考、思想理论教育[J].思想理论教育,2007(2):51-55.

总之，要把教学活动作为一种价值关涉的活动，在教学目标、教学内容、教与学的活动方式和教学评价等方面凸显其价值意义，使之成为真正的"创价活动"。①

"文以载道"

——《詹天佑》教学的一个小片段②

师：刚才我们读到一个词"回击"，它有哪些近义词？

生：反击、打击。

师：这里为什么要用"回击"？

生：因为帝国主义者认为，这是一个笑话。

师：一个笑话？告诉我，你说的是哪一段文字？

生：第三自然段。

师：好，我们一起来学习第三自然段。

生：（读）有一家外国报纸轻蔑地说："能在南口以北修筑铁路的中国工程师还没有出世呢。"

生：（读）"原来，从南口往北过居庸关到八达岭，一路上都是高山深涧、悬崖峭壁。他们认为，这样艰巨的工程，外国著名的工程师也不敢轻易尝试，至于中国人，是无论如何也完成不了的。"

生：这让我们想到了，高山深涧和悬崖峭壁间的勘测线路；想到了两端凿进和中部凿井；想到了"人"字形线路的设计。这些困难，发达国家的工程技术人员早就预见到了，所以他们也不敢轻易尝试，并且他们认为我们不可能成功，他们嘲笑我们。

师：你们认为外国人的嘲笑有理由吗？

生1：有理由，因为当时的清政府腐败无能。

生2：没有理由，因为帝国主义者对中国的情况还不了解，我们已经有自

---

① 赵文平. 教学价值研究：教学论亟需深入关注的领域 [J]. 当代教育科学，2010（23）：19-23.
② 雷玲. 听名师讲课·语文卷 [M]. 南宁：广西教育出版社，2004：110-111.

己的铁路工程师了。

生3：有理由，因为当时中国的技术太落后了。

生4：有理由，虽然有一个詹天佑，但那么多困难不是他一个人能克服的。

生5：没有理由，当时的中国人是有志气的！詹天佑是有志气的。

生6：有理由，中国落后的不仅仅是科技，主要是政府腐败。如果政府是腐败的，光有几个科学家有什么用呢？

生7：有理由，因为这是第一条完全由中国人自己修筑的铁路。在这之前，中国的铁路都是外国人设计修筑的。这是第一条完全由中国人自己修筑的铁路，而且还那么难，外国人认为很多困难他们都不能克服，中国人当然就更不行了。

数学课堂上的价值辨析

华东师范大学二附中的一位老师，听到一位同学在闲谈中说："《白毛女》中杨白劳借了钱为什么不还钱？驴打滚的债和复利有什么不同？"这位老师把这一问题提到数学课上来讨论，复习和推导单利与复利的计算公式，比较杨白劳年代的"高利贷"和现在银行的"贷款利率"，引导大家从数学角度考察"半殖民地、半封建社会的超经济剥削"与"平等互利的借贷关系"之间的区别。这样进行教育，非常生动活泼，学生也理解了阶级矛盾的含义。这位老师能够抓住学生闲谈时的思想进行教育，更是难能可贵。我们经常听到一些故事，说以前的名教授、名特级教师，往往会在课堂上讲一些题外话，给学生的印象十分深刻，甚至会影响其人生道路。这种优良传统，现在很少有人提倡，也缺乏继承人了。

价值教育融入教学设计，是一种培养"完整的人"的取向，即"把一个人在体力、智力、情绪、伦理各方面的因素综合起来，使他成为一个完善的人"，这是学校的中心职责。"学校必须是'有教育意义的'，因为它们必须成为我们弄清楚如何实现人道、亲切、优美和共同利益等社会中通常缺乏的价值观的主要基地之一。"[1]

---

[1] 克里夫·贝克.优化学校教育：一种价值的观点 [M].上海：华东师范大学出版社，2003：41.

1. 揭示课程内容的价值蕴含

课程内容设计是根据特定的教育价值观及相应的课程目标，从学科知识、当代社会生活经验或学习者的经验中选择课程要素的过程。这些要素包括概念、原理、技能、方法、价值等。[①] 我国的课程研究者曾指出，已经选择出的课程内容（或学习内容）是从三个层次来组织的：一是宏观层次，体现着教育目标或课程总目标；二是中观层次，通常表现为科目；三是微观层次，是每门特定学科中的具体内容。[②]

从宏观的层次看，《基础教育课程改革纲要（试行）》提出"新课程的培养目标应体现时代的要求"，其具体表述与社会主义核心价值体系是完全一致的。也就是说，我国新课程全部内容所蕴含的观点、立场和方法，负载了社会主义核心价值体系内涵的基本方面。我们必须自觉地将社会主义核心价值体系作为理解和把握课程目标的指导思想和深刻依据，完善地融入课程实施（教学活动）中。

从中观层次看，每个学科都有独特的育人价值。叶澜教授从内涵和外延两方面对此进行过描述："任何一门学科的教学，都要认真分析本学科对于学生而言独特的发展价值，它除了指该学科领域所涉及的知识对学生的发展价值外，还应该包括服务于学生丰富对所处的变化着的世界的认识；为他们在这个世界中形成、实现自己的意愿，提供不同的路径和独特的视角；学习该学科发现问题的方法和思维的策略、特有的运算符号和逻辑；提供一种唯有在这个学科的学习中才可能获得的经历和体验；提升独特的学科美的发现、欣赏和表现能力。"[③] 因此，在教学中，每个学科对学生的发展价值，除了一个领域的知识以外，从更深的层次看，还应为学生的发展提供唯有这个学科的学习才可能获得的价值理念、经历、体验、独特视角、路径以及不同的思维方式。这就需要把备课的重点，从一般的授课内容向价值思考转变，尤其要从学科的独特价值出发，把教学目标的设定作为教学的价值定位和价值

---

① 张华. 课程与教学论 [M]. 上海：上海教育出版社，2002：191.

② 丁念金. 课程论 [M]. 福州：福建教育出版社，2007：87.

③ 叶澜. "新基础教育"发展性研究报告集 [M]. 北京：中国轻工业出版社，2004：21.

承诺。[1]

从微观层次看，教师要充分利用和挖掘不同学科内容与材料本身所蕴含的道德教育资源。里考纳列举过各科教学中可以利用的一些价值因素，例如：数学和科学课中讲述科学家的生平事迹、生活和治学态度；语文课中涉及榜样人物的道德作用；历史课中涉及历史人物的德行与自律精神；在体育与健康课中展示适度的自我控制对个人健康和品行的重要性，等等。[2] 此外，要从教学设计、结构、策略、方法等方面加以研究、开发和创造，并对这诸多环节中的自我表现加以反思和调整。

知识的价值启示

有一位老师在给临毕业的学生们上最后一节课时，把他们带到实验室，让他们做最后一次实验——水的三种形态。教师对孩子们说道："人生也有三种形态，当你对生活持0℃以下的态度时，你的人生便是结冻的冰；当你对生活持平常态度时，人生便是水，虽可流动，却无法超过湖河的局限；如果你对生活持100℃的激情，你就是水蒸气，能够不受限制，积极生活。"

这位教师的教诲，有助于学生们树立崇高的人生信念，从而去追求乐观、积极向上的生活。

四川省成都市树德中学特级教师游家骒在教完了解析几何"直线和圆"这一单元后，有学生在"数学作文"中写了这样一首诗：

数学情结

所有直线表眷恋，前后延伸情无限；

所有交叉是歧路，生活处处有风险；

所有曲线像爱情，曲折饱含苦与甜；

所有故事绘人生，周而复始总是圆（缘）。

这些例子可以引发我们许多思考。如：科学知识真的与"价值"无关吗？

---

① 成尚荣. 把价值关怀贯穿有效教学全过程 [N]. 中国教育报，2008-10-17.

② 袁桂林. 当代西方道德教育理论 [M]. 福州：福建教育出版社，2005：254.

知识教学的意义仅仅是获得客观世界中一些已被证明的"规律"吗？"知识就是力量"，这种"力量"是只是征服物质世界的力量，还是有丰富生命世界的力量？知识所唤起的体验、感悟、憧憬与追求，其对人生的意义是一种"必需品"，还是一种可有可无的"副产品"？……

2．注重学习意义的价值理解

我国学者檀传宝提出，从教育的角度讲，价值就是事物向主体呈现的意义。[①] 课程知识学习的意义，其实是"学有何用"和"学有所用"的问题。这种意义有的是在教材中点明的，有的是在事例中隐含的，有的则是在学习活动中寄寓的，需要教师通过教学把它揭示出来，让学生明白并把它作为一种信念。例如，某一学科知识的学习涉及怎样的对象世界，需要认识些什么问题，它在生产生活中能发挥何种作用，可以解决哪些具体问题，等等，都需要有一个正确的答案。其实我们常讲的"为社会主义现代化""为民族振兴""为实现远大理想"而努力学习，都附着于并体现在教学内容中。

明白学有何用并不能只靠微言大义的谈论。在教学中，一项知识内容在社会生活和个人成长中的作用，一些事例指向的服务范围和精神领域，一种学习活动带来的社会效益和个体收获，无处不体现"学有所用"。在坚持正确的价值取向时，要注意不能让"价值实现"背离了课程与教学设计的根本目的。应当把"学习的意义"视为学生的一种价值追求，一种价值观的表现。价值观作为判断是非曲直、真善美和假恶丑、好与坏的价值标准，是人们在处理普遍性价值问题上所持的立场、观点和态度的总和。"一种价值观是否科学、合理、先进，归根到底要看它如何反映和反映了什么样的主体利益、条件和需要，是否同事物的发展规律和人类历史进步的趋势相一致。"[②] 因此，学生对学习某一知识内容的意义理解也就成为教师价值引领的题中应有之义。

3．关注实现形式的价值影响

英国道德教育专家泰勒（Taylor）在 1996 年的研究中曾指出："价值观

① 檀传宝. 教育是人类价值生命的中介：论价值与教育中的价值问题 [J]. 教育研究，2000（3）：14-20.

② 北京市邓小平理论研究中心. 关于价值观研究现状的调研报告 [J]. 中国特色社会主义研究，2002（1）：27-33.

教育得以实现的形式方面，比价值观教育的内容本身更为重要，事情怎么说的、做的，要比说了、做了一些什么更有影响力。"① 在每一门学科的课堂教学中，总会有一些最基本的活动形式来保证教学任务的实现，如知识的传授、各种训练的展开、在广阔文化背景上的体验等，这些形式本身具有重要的价值涵育功能。

杜威曾指出，如果把学科看作使儿童认识社会活动的情况的一种工具，那么，任何一门学科都具有三种不同的价值：知识的价值、训练的价值和文化修养的价值。"知识只有在提出被置于社会生活背景中的材料的明确形象和概念时，才是名副其实的或有教育性的。训练只有在它代表把知识反映到个人自己的能力中去，使他将能力服务于社会目的时，才是名副其实的有教育性的。如果文化修养要成为名副其实的有教育性，而不是外表光泽或人为的装饰，就要代表知识和训练的生动联合。它标志着个人的人生观的社会化。"事实上，采用什么样的手段去达到某种目的，就昭示着一定的价值信仰和价值选择。

充盈着民主、平等、尊重精神的对话教学
——特级教师高万祥教作文课 "如何谦让"

下面是特级教师高万祥给学生上作文课 "如何谦让" 时的一个片段。

上课后，高老师首先对学生说道："同学们，小学我们学过《孔融让梨》的故事，但同学们知道这则故事的关键在哪个字眼上吗?"

学生异口同声地回答道："让。"

"好，同学们，千百年来，《孔融让梨》的故事一直流传下来，成为谦让品德的典范。如今社会竞争非常激烈，有的人认为还需要谦让精神，有的人却认为谦让精神'落伍'了，再也不能适应社会了。那么，我们到底还需不需要谦让精神呢? 同学们可以充分发挥自己的想象，尽情回答。"高老师看着

---

① 莫尼卡·泰勒. 价值观教育与教育中的价值观 [M] // 鲁洁，朱小蔓. 道德教育论丛（第 2 卷）[M]. 南京：南京师范大学出版社，2000：367.

大家说道。

同学们都认真地思考起来，有些人甚至还露出了担心的表情。

过了一会儿，第一名同学说道："当今社会还需要谦让精神，人们有谦让精神才能适应社会。比如，开学发的新书，往往都会有一两本破损或起皱的。如果同学们没有谦让精神，人人都不要破损或起皱的书，那么破损或起皱的书怎么处置呢？幸好有些同学站起来说：'老师，请把那本书给我吧！'所以，社会需要谦让精神。"

第二名同学则提出了不同的意见："我反对。在公共汽车上，你想把座位让出来给老人、孕妇坐，反倒被一些不讲礼貌的人抢先坐下了。这种谦让还有什么意义呢？"

第三名同学说道："学习成绩在班里名列前茅的同学，你能对他说'请把你的名次让给我'吗？或者说'我的第一名这次就让给你了'。这明摆着是不可能的。因此，谦让精神已不适应社会的需要了。"

第四名同学说道："我觉得这个观点应该视环境而定，有些无所谓的小事可以互相谦让，但是在一些重要的事物上，就必须寸土必争。比如在学习上，就应该展开竞争，这样才能起到互相促进的作用。"

第五名学生说道："我认为当今社会竞争很激烈，但是无论在学习上、工作上、社会上都需要这种'谦让'的美德。学习上有了谦让才能互相促进，共同进步，否则就可能会故步自封；工作上有了谦让则能更好地开拓事业，没有它便会争个鱼死网破、两败俱伤；社会上有了谦让，便能推进社会文明的进步，没有它整个社会则无法发展，不进则退。"

高老师又问道："对于谦让，大家都持有不同的意见，那么我们该如何解决这个'度'的问题呢？"

这时，一名学生说道："我认为应该视具体的对象而定。就像我以前看到过这样一个故事：

三个人正在打篮球，这时有其他四个人跑来要与他们三对三地打比赛。显然，那四个人中有一个人只能站在旁边观看，他们没有说谁不应该上场，而是主动拿起篮球站在罚球线上准备投篮，结果投中的三个人参与比赛，没投中的人就自觉地退到一边观看，这当中他们一句话也没说，但很自然地解决了谁该上场、谁不该上场的问题。大家既不需要违心地谦让，也可以避免因激烈竞争而伤害友谊。

所以，我觉得有时当你不知道是否该谦让时，就可以找一个裁判或者旁观者来帮助你解决这个问题。"

高老师听后，对大家的回答非常满意，欣慰地说道："同学们能踊跃发言，各抒己见，这真是太好了，而且都能开动脑筋想问题，由一个问题延伸到另一个问题上，特别是有很多同学能很全面地谈论带有现实意义的社会问题。不过，老师想补充一句，竞争和谦让精神并不矛盾，竞争中你大可当仁不让，但竞争无论如何激烈，也必须学礼、识礼、守礼，方能提高效率。无论你持有的是什么样的观点，只要能言之成理，自圆其说，就可以形成一篇好的文章。今天，我们的作文题目就是《如何谦让》。"

说完，同学们都开始认真地写了起来。

高老师通过使用"延伸"提问法，使学生不仅掌握了运用发散性思维思考问题，更学会了联系实际思考问题，做到举一反三，使学生的写作水平得到了更大的提高。

（二）聚焦价值教育的重要事项

杜威指出："只要人继续是一个人，情感、欲望、意向和选择就总是有的；所以只要人继续是一个人，就总是要有关于价值的观念、判断和信仰的。"这是人的本性。"但是我们本性的这些表现却需要人们的指导，而只有通过知识，人们才有可能进行指导。"[①] 匈牙利文化社会学家维坦依也认为："在价值王国里发生的经常性的运动和变化，要求人的积极干预，要求人的行动有利于价值的实现"。就人们的道德生活表现或道德价值活动而言，道德教育就是一种必要的"指导"和"积极干预"。

---

① 约翰·杜威. 确定性的寻求：关于知行关系的研究 [M]. 傅统先，译. 上海：上海人民出版社，2004：230.

1. 培养善良人性

教育担负着培育良知和人性的任务。我国学者赵荷花认为[①]，人性可以理解为由与人每日的生命实践息息相关的习性、秉性、共性、天性构成的开放的、复杂的生命系统，教育可以围绕这五个方面引导学生实现人性的发展与完满。教育的重要使命就是对学生人性成长进行价值引导，帮助学生实现心灵的转向；同时告知学生人是把握自身命运的主体，教育要使学生能够学会在人性抉择中把握正确的方向，步入人性上升之路。教育要通过发现、发展、提升、成就人性而实现自身的意义，通过使学生的人性完整和谐发展，臻于纯真、至善、极美之境来追寻"教育世界中理想生命的生成"。[②]"教育赋人以人所独有的应然性，使人有追求、有理想、有创造、有超越、有意义世界的建构、有终极性的关怀，它引导人，使得种种人的属性得以从他们身上萌发、形成、伸张、提升，使他们有别于世界上其他的物，使他们成为真正的人"。

事例点击

教育，首先应关注人、人性

一位纳粹集中营的幸存者当上了美国一所中学的校长，每当一位新教师来到学校，他都要交给那位教师一封信，信是这样写的：

"亲爱的老师，我是集中营的生还者，我亲眼看到人类所不应看到的情景：毒气室由学有专长的工程师建造，儿童被学识渊博的医生毒死，幼儿被训练有素的护士杀害，妇女和婴儿被受到高中或大学教育的人们枪杀。看到这一切，我怀疑，教育究竟是为什么？我的请求是请你们帮助学生成为具有人性的人。你们的努力绝不应当被用于创造学识渊博的怪物、多才多艺的变态狂、受过高等教育的屠夫。只有在能使我们的孩子具有人性的情况下，读写算的能力才具有价值。"

教育是把双刃剑，能保护自己，也可能砍伤自己；能保护美好，也可能破坏美好。

---

① 赵荷花. 人性论的新视角及其教育意义 [J]. 教育学报，2010 (6)：13-23.

② 李政涛. 教育学的生命之维 [J]. 教育研究，2004 (4)：35-39.

2. 明辨荣辱是非

荣辱观是人们对荣誉和耻辱的看法。只有分清是非荣辱，明辨善恶美丑，一个人才能形成正确的价值判断，一个社会才能形成良好的社会风尚。面对目前社会上的某些价值混乱、道德失范和不当行为，社会主义荣辱观旗帜鲜明地为全体社会成员提供了基本的价值判断准则和行为规范，它是社会主义核心价值体系的基础，在现阶段，主要表现为"八荣八耻"。

分清是非善恶荣辱美丑是价值判断的核心。课堂教学的内容、教学活动的过程，都负载着一定"价值意义"而绝非中立的"客观事项"。学生在课堂活动中习得的观点、立场和方法，应当是学生健康成长的养料而不能成为污染他们心灵的毒品。特别是在当前多元文化背景下，社会坚持主流价值观导向、坚持正确的道德引领，迫切地需要在课堂教学中做到辨别是非、区分善恶。

3. 凝聚价值共识

随着知识绝对性和静态性的解构，对课程内容的理解越来越"多元化"，其多义性的特征更加凸显出来。同时，多元文化的背景越来越多地影响学生的价值理解。在课堂教学中，教师对教材的创造性解读与学生对教材的个性化理解，既可以让课堂充满活力，又可能使学生萌生困惑，这是在推进新课程实施和建构有效课堂中不能不面对的问题。

应当说，教与学的内容是由一个个"学习课题"组合而成的系统，课程设计总是按照特定目标"选择和组织"人类文化宝库中的某些有教育价值的经验。从这个意义上说，进入课程的每个课题的主旨是明确的，为此，课程标准也对此进行了规范。但对于学生个体的学习而言，掌握某一课题的内容又必须凭借他自身的经验和体验，这就有可能出现与课题主旨相抵触甚至背离的状况，因此。教学中教师要把握好"放"与"收"的度，在"规范"与"自由"之间寻求平衡，尽量引导学生在发散思维和抒发创意的基础上，把握题旨、统合认识，将那些偏颇的看法纳入正确理解的轨道。这即是在坚持

"理性判断标准一致"的原则下，努力寻求未来的彼此理解和"视域融合"。①

（三）发挥文化化人的涵育功能

价值是文化的内核。习近平总书记在党的十九大报告中讲到"坚持社会主义核心价值体系"时指出，文化自信是一个国家、一个民族发展中更基本、更深沉、更持久的力量。"文化是一个国家、一个民族的灵魂。文化兴国运兴，文化强民族强。"习近平总书记强调"文化化人"的作用，强调文化育人的重要性。

1. 增强文化自觉与自信

所谓文化自觉，用费孝通先生的说法就是："生活在一定文化中的人对其文化有'自知之明'，明白它的来历，形成过程，所具有的特色和它发展的趋向，不带任何'文化回归'的意思，不是要'复古'，也不主张'全盘西化'或'全盘他化'。自知之明是为了加强文化转型的自主能力，取得决定适应新环境、新时代文化选择的自主地位。"也就是说，文化自觉是指一个国家、民族及其人民在文化上的觉醒和觉悟，包括对文化在社会生活中的地位和作用的深刻认识，对文化发展条件和规律的主动把握，对文化发展权利和责任的勇敢担当。

（1）推动学校教学文化的建设与发展

文化是人类社会活动的产物，也是时代精神的精华。文化的概念本质上是一个符号学的概念，它暗示了"人是一个悬浮在他自己编织的意义之网中的动物"。而教学正是意义的传递和人类精神的启蒙，也是人类创新生活方式，追寻精神家园的过程。教学本身即文化，教学的一切关乎文化，无论是外在的还是内在的，显性的还是隐性的，教学都蕴含着自觉、自足、自新的教学文化。②

课堂以传承和创造知识为使命，同时承载着促进学生人格与精神发展的

---

① 严从根."重叠共识"的"重叠共识"：德育改革的合理性诉求 [J]. 全球教育展望，2009（7）：59＋74-77.

② 李长吉. 讲授文化：课堂教学的责任 [J]. 教育研究，2011（10）.

人文意义，这种意义就是讲授文化。课堂是文化传播的中心，而文化是知识产生的土壤，是联结知识与学生发展的纽带。[①] 另有学者分析认为，课堂从本质上说是文化在空间和时间上的存在，课堂文化本质上是育人的文化。[②]

教师是推动教学文化建设的主导力量。新的教学文化要求教师不仅要教给学生知识，更重要的是，要用文化培育人，让学生在浓厚的文化氛围中，体验到在科学与人文的海洋里遨游、探索和创新的乐趣，体悟到真正意义上的科学精神与人文精神；在激发学生对科学、对人文和对一切创造性事物的热爱的同时，激发其对自然、对生活和对生命的热爱，从而引导学生逐步树立起崇高的理想境界以及人生观和价值观，以自己的聪明才智和特长去实现更高的人生价值。[③]

总之，当代教学文化的唤醒、回归与自觉是个循序渐进的实践过程，它在人文唤醒中获得精神的张力，彰显生命的价值和本色；它在回归生活中不断生成，使教学实践凸显教学生活的本真；它在课堂内外的教学变革中自觉实践，不断开拓教学文化精神养育的空间。

（2）担当起传承优秀文化传统的责任

文化的自觉与自信都建立在对自身文化的深刻认知基础之上。中华民族的文化是人类历史上少有的没有中断的文化，它所孕育的价值传统也一直在延续着，引导着中华儿女的行为，塑造着中华民族的理想生活。开展文化传统和传统价值教育是中小学校应尽的责任和应担负的使命。当前，我国的许多中小学校注重开展传统文化教育，这是一件值得肯定的好事情。但是，传统文化教育的精髓不应当在于仅仅使青少年学生诵读、识记或表演一些传统的经典，而在于通过这些经典的学习逐渐地接近、接触和领悟优秀的传统价值文化，像"爱国""孝亲""诚信""勤奋""廉洁""节俭""谦逊""道义"等，并结合时代的需要把这些传统价值创造性地应用到当下的工作、学习和生活中去。在相当程度上，我们可以说，缺乏这种优秀传统价值的教育，我

---

① 朱旭东. 论大学课堂学术文化的重建 [J]. 清华大学教育研究，2011 (3).

② 孟建伟. 从知识教育到文化教育 [J]. 教育研究，2007 (1).

③ 龚孟伟. 试论当代教学文化的唤醒、回归与自觉 [J]. 课程：教材，2012 (3).

们的教育就没有中国特色、中国精神和中国气派，就不能培养出真正的"中国人"。[①]

我们必须认识到，中华文明是人类文明的重要组成部分，其倡导的和谐、大同、天人合一、厚德载物、自强不息、辩证思维等都是人类社会最重要的价值观。我们必须继承和弘扬这些优秀的传统文化。就文化自信而言，当下主要应以悠久辉煌的传统文化为导向。我们如果缺乏文化自信，对优秀传统文化的自信将会流为思古之幽情，成为无力应对现实和外来文化冲击而只能暂避一时的"精神慰藉所"，创造未来新文化的自信与活力也将因缺乏当下的根基而无以真正挺立和激活。[②]

2. 培育民族与时代精神

民族精神和时代精神是贯穿社会主义核心价值体系的基本内容，也是联结其他基本内容的纽带。在建设社会主义和谐社会的进程中，应大力弘扬民族精神和时代精神教育，启发和引导人们澄清价值迷乱，摒弃价值堕落，高唱社会主义核心价值的主旋律，构筑起符合中国特色社会主义发展要求的社会主义核心价值体系。

（1）在课堂教学中发掘教育内容

中华民族的传统民族精神中蕴含着不少体现民族优良价值品质和价值精神的内容，如爱国、仁义、宽厚、忠勇、诚信等；现代以来，中国共产党领导培育的诸如长征精神、延安精神、西柏坡精神、"两弹一星"精神、抗洪精神等革命和建设精神中也蕴含着无私奉献、全心全意为人民服务等崇高的价值观；在当代中国特色社会主义建设的鲜活实践中，任长霞、牛玉儒、许振超等先进时代英模身上更是体现了富有时代精神、浓缩时代价值的当代优秀价值观。开展民族精神和时代精神教育，既要从传统的优秀社会价值观中汲取营养，发掘其中具有永久价值魅力的精神元素来教育和启发人们，又要突出地弘扬时代先锋和模范人物所体现的价值精神，还应适当地汲取当今世界和国际社会中其他民族的优秀价值品质和价值观念，努力培育适合时代进步

---

① 石中英. 关于当前我国中小学价值教育几个问题的思考 [J]. 人民教育，2010 (8).
② 沈壮海. 文化自信的基点应确立在哪里 [J]. 辽宁教育，2012 (7x)：36-37.

及中国社会发展要求的社会主义核心价值。

（2）围绕课堂教学创新教育方式

进行民族精神和时代精神教育要力戒单纯、抽象的理论灌输和僵硬、呆板的说教，应当运用一切切实可行并富有教育启发意义的工具和手段，把说服教育和实践教育结合起来，变呆板的宣传教育为灵活多样的体验教育。在具体的教育实践中，应注重民族精神和时代精神的具体化，利用特定场合和情景进行重点教育，选择适当的节假日、重大历史事件和历史人物纪念日，通过组织丰富多彩、形式多样的国民教育和精神文明创建活动，普及、推广优秀的价值观念。同时，应努力把民族精神和时代精神教育日常化、实时化，尤其注重把日常生活教育和实时生活批判相结合，在传递优秀价值精神的同时教育人们批判和摒弃丑陋的价值追求，使民族精神和时代精神所蕴含的优秀核心价值观渗透到日常生活、课堂学习和工作中。

（3）整合学习资源、提升教育效果

要把学科课程与活动课程结合起来，把课堂学习与社会实践结合起来，把学校教育资源与社会文化资源结合起来，让学生主动汲取精神营养，形成健康人格。

信息共享和传递是现代人进行价值交流和价值转化的重要媒介。当今时代，信息网络技术发展迅速，一些时髦和新奇的网络信息传播方式不断涌现并普及，直接影响着社会受众的思想价值观并改变他们的传统行为方式。开展民族精神和时代精神教育要适应形势的变化，除充分利用报纸、杂志、书籍、电视、广播等传统传媒手段外，尤其要注重利用网络媒体进行社会主义核心价值观的培育和塑造，倡导积极、健康、文明、进步的价值观念，防止反动的、消极的、负面信息的滋生蔓延，消除有害信息对网民价值观的影响，营造良好的网络舆论氛围和网上教育环境，适时提升民族精神和时代精神教育的效果。

3．关注社会与科技发展

本次新修订的课程标准，坚持与时俱进，突出时代性，加强了课程内容与现代社会和科技发展以及学生生活的联系，在注重各学科经典基础内容的同时，坚持了课程内容的与时俱进，新增知识点，及时反映新时期我国经济社会发展的新成就。如历史学科增加了"十六大以来的新成就"，充分反映了科技进步新成果；物理学科增加了"宇宙探索""我国载人航天事业""新能源"等有关知识。除此之外，一些学科结合学科特点，把我国社会发展中出现的一些现实问题作为课程内容，引导学生进行科学判断。如化学学科把"婴儿奶粉中的蛋白质含量""臭氧空洞和臭氧层保护"等有关知识列入了课程内容。

新课标新增的反映社会发展和科技进步的内容，为课堂教学创造了极为广阔的文化涵育空间。

思想品德课程标准的修订：
体现时代精神，提升课程的时代高度

此次课标修订遵循与时俱进的原则，在突出思想品德课程特点的前提下，课标修订紧跟时代发展的步伐，体现以人为本，合理增加科学发展观、核心价值观、公民教育三部分教育内容，注意培养生态文明意识和确立全球化视野，强调情感发展对品德培养的重要性。

1. 在目标中增加了"公共精神"的要求。在我们这个消费时代，关注自己的利益是普遍倾向，因而特别需要提倡作为时代精神之一的"公共精神"。基于这种考虑，除在目标中增加公共精神培养的要求之外，我们在内容标准中也对这一要求进行了落实："积极参与公共生活、公益活动，自觉爱护公共设施，遵守公共秩序，有为他人、为社会服务的精神。"

2. "媒介素养"的培养。当今社会是一个电子媒介盛世，电子媒介已成为我们每日生活所必须依赖的外在工具，如同空气一样，随着我们的一呼一吸进入我们的心灵深处，因此媒介素养的高低不仅决定着我们能否有效地使用电子媒介，更决定着我们自身的存在。本次修订除了在目标中突出了"提高媒介素养，积极适应信息化社会"的要求，也在内容标准中提出了具体要求，针对的就是电子媒介盛世对年轻一代所提供的机遇与挑战。

另外，关于生态教育的内容，关于全球意识和国际视野的要求，关于认同中华文化、弘扬民族精神的要求等内容的调整，都是本着与时俱进，体现

时代精神要求，提升课程标准的时代高度的宗旨进行修订的。[①]

（1）加强科技文化的陶冶

科技革命是当代社会的一大亮点，这不仅意味着科学知识的增长，还意味着科学精神的张扬和科学文化的发展。

科学文化有一种符号载体——知识，但科学文化还有某种可称为精神、理念、价值观之类的东西存在着。这东西虽然无形，却是科学文化中更为深刻、更为本质的东西，在很大程度上决定着知识、制度和器物三大领域的产生和发展，可以说是科学文化之魂，这就是科学文化的形而上层面。逻辑实证主义和功利主义的科学观所应对的，充其量只是科学文化形而下层面的两大领域，即知识领域和器物领域，远不是整个科学文化。

科学文化的中心是人，是一代又一代富有创造性的科学家，是他们在长期的科学实践中以自己的聪明才智创造了各种各样的科学知识乃至整个科学文化传统。这些伟大的科学家以及他们所传承的精神乃是整个科学文化的核心，也是整个科学文化的生命之根。后代人若真正学习科学，所要学习的不仅仅是现有的科学知识，更重要的是要学习与这些知识不可分割地联系在一起的整个科学文化传统，特别是那些伟大科学家的人格以及精神。

"借题发挥"
——让学生看到知识背后的人

教师在教学过程中可以通过"借题发挥"，介绍有关知识背后隐匿着的一些可歌可颂、可敬可佩的人物轶事，使学生对这些教学内容产生亲切感，从而使之具有感情色彩。例如，有的教师讲到放射性物质的时候，专门介绍了居里夫人是怎样历尽千辛万苦，克服了在物质上、精力上、身体上为常人难以想象的困难和煎熬，最后成功提炼出 1 克纯镭并获得诺贝尔奖的事迹。教师还讲述了这样一件轶事：有人愿出资五万英镑的巨款购买她的 1 克镭。她

① 高德胜. 坚持·明确·完善·提高：思想品德课程标准修订的四个"关键词"[J]. 课程·教材·教法，2012（3）.

却说："镭乃仁慈之工具，故为世界所有。"学生听了无不为之动容，学习有关内容更加努力。

例如一位化学教师在教碱金属部分内容时，在先告诉学生金属钠是由英国化学家戴维发现的之后说，戴维用电解法将分解得到的生成物倒入盛有清水的大玻璃杯中时，轰的一声发生剧烈的燃烧和爆炸，戴维从此失去了一只眼睛，但这丝毫没有动摇他酷爱科学、勇攀科学高峰的决心。他十分风趣地说："幸好只瞎了一只眼，还有一只眼，还可以继续为化学事业工作。"后来戴维加倍努力地工作，成功地用电解法制得了钾和钠，还成功地制得了钡、钙、锶、镁等金属，又制取了非金属硼和笑气（NO_2）等。青年学生要好好向戴维学习，将全部精力用于学习，将来为祖国的四化建设做出应有的贡献。

还有的教师在生物课上讲到微生物时，特地介绍世界著名的法国微生物学家巴斯德。巴斯德小时候并不是一个超群绝伦的孩子，他的小学老师甚至认为"他是班级中个子最小、最羞怯、最不见得有出息的一名学生"。然而巴斯德却以顽强的意志和忘我工作的精神奋战在他日后所从事的科研工作中，成为近代微生物学的奠基人。他创造的巴斯德牛奶消毒法，至今还在使用。他在十几岁时就写道：词典里最重要的词是"意志""工作""成功"，并以此作为他终身的座右铭。这些介绍无疑对学生学习有关知识产生良好的情感激励效果。

（2）凸显生命关怀的取向

随着社会转型步伐的加快，人们的生命意识日益凸显。有学者指出，现行德育范式应以生命为思维原点，探寻生命维度，形成关爱生命的德育范畴、思维方式和逻辑体系。在生命内涵多维解读的基础上，着重将生命教育作为学校道德教育的本真要求。同时，应反思当前"去生命化"德育范式的种种困境，努力从生命维度对德育目标、德育过程、德育方法等进行重新审视和更新。这种"生命关怀"取向的德育研究，突出表现在将生理健康教育、心理健康教育、生死教育、安全教育等作为新时代德育的内涵，生态伦理教育、科技伦理教育、经济伦理教育、网络伦理教育等亦逐步得到重视。

学校德育与学生的生命实践息息相关，教育现实也正在呼唤着学校德育要关注学生的生命成长、生命完善和生命实现。这里所说的"生命"，不仅是指身体意义上的生命，而且是指精神意义上的生命。学校德育对于生命实践的脱离，一方面是学校德育在目标、课程设置等方面没能充分关注学生的身体生命和精神生命的成长，没有把学生作为一个生命的主体来观照，另一方面，则是学校德育过分强调道德认知的发展。因此，应探讨人的生命本真，分析研究道德认知与道德实践的融合，以及生命实践在学校德育中的具体实施，倡导学校德育对学生生命的回归，对德育过程进行审美化改造，以助于学校德育实践的改善，促进学生的生命成长。[①]

（3）实现公民教育的转型

随着我国市场经济和社会主义民主政治的健康发展。我国公民社会正在逐步形成和壮大。我国公民素质及其价值诉求也得到了极大提升，其主要表现集中在公民独立自主和民主意识提高、公民的权利诉求日益高涨、公民自治能力不断增强等。但是，公民教育在诸多方面仍存在与现代公民社会不相适应的情况。实现公民教育的现代转型既是我国公民社会成长所提出的必然要求，又是公民教育结出丰硕成果的关键所在。我国公民教育应转变为以权利为起点的权利义务教育和以赏罚机制为载体的道德教育，实现制度性正式约束与公民自教自律相结合，公民教育的承担者应由单一的政府职能部门转变为与民间组织相结合。

公民教育是培育公民品质和公民精神的重要形式，它承担着"使人成为公民"的教育使命。但是，公民品质的生成和发展不能仅仅依靠公民知识的讲授和学习，更为重要的是要搭建一个公共生活的参与平台，引导受教育者在公民参与过程中不断完善自身的公民品质。对学校公共生活和校外公共生活的积极参与，事实上为公民品质的发展提供了一个实践、学习、锻炼和理解的途径。缺少了公民参与，公民品质也就失去了培育和锻炼的实践场所。因此，从这个意义上说，参与式公民学习具有非常重要的教育意义，它可以为公民品质的培育提供一个良好的实践平台，从而更好地完成公民教育的目标与使命。

---

① 高宝立，金东贤，许建争.尊重人　关心人　理解人　发展人：德育理论研究的新主题 [J].成才之路，2010（10）：93-94.

二、 从教学目标的实现看一堂好课

《基础教育课程改革纲要》指出，要"改变课程过于注重知识传授的倾向，强调形成积极主动的学习态度，使获得基础知识与基本技能的过程同时成为学会学习和形成正确价值观的过程"。为此，新课程在各学科的课程标准中建构了"知识与技能""过程与方法""情感、态度与价值观"的三维目标。

就课堂教学而言，教学目标的实现主要表现在以下三个方面：

（一）全面体现育人价值

教育的基本功能是育人。正如叶澜教授所说："在教学中，教师实际上通过'教书'实现'育人'，为教好书需要知道育什么样的人。当前我国基础教育中课堂教学的价值观需要从单一地传递教科书中呈现的现成知识，转为培养能在当代社会中实现主动、健康发展的一代新人。我们认为，学科、书本知识在课堂教学中是'育人'的资源与手段，服务于'育人'这一根本目的。"[①]

教学的育人价值首先表现在对学生进行价值引导，也就是我们常说的"形成正确的价值观"。从课堂教学的实际来看，主要是做好以下工作：

1. 提示学习的意义

学习的意义实际上是认识"学习有什么用""为什么要学"的问题。学生学习任何学科都应当知道这门学科的价值所在，由此产生学习的目的性，即对其重要性和必要性有一定的认识。

学习对社会和个人都具有广泛的意义。学习的社会意义是一种相对概括

---

① 叶澜. 重建课堂教学价值观 [J]. 教育研究，2002 (5).

的意义，这些意义对学生来说是较为抽象和长远的。例如：学好语文可以帮助我们有效地进行社会交际或继承人类的文化遗产；学好物理、化学和生物可以更好地为祖国社会主义现代化建设做贡献等。这些社会意义虽然比较概括，但如果能为大量事例所证明，能被学生真正理解和内化，会在学生学习中比较持久和稳定地产生推动作用，因此不可忽视这种教育。但是，就学生在课堂情境中的具体内容的学习来说，只有当这种抽象意义上的学习必要性和重要性与当下就要学习的内容的具体意义相联系并且与个人需求相一致的时候，学习的价值感才会被激活，学习的一般化的社会意义才能转变为现实化的个人意义。显然，无论是学习的社会意义还是个人意义，实质上都是对学生价值方向的引导。

因此，一堂好课在揭示学习的意义时应注意以下三点：

· 学习的抽象意义与具体意义的有机联系；

· 学习的长远意义与当下意义的紧密结合；

· 学习的社会意义与个人意义的水乳交融。

2. 渗透品行的教化

"教学永远具有教育性"，这是教育的一条基本规律。无论是何种学科的教学，都是以知识、技能、道德、伦理规范为媒介的师生之间的相互作用，课堂学习就是一种道德教化的活动。教育学家古德森在谈到教师的教学时曾经说过，"教学首先是一种道德和伦理的专业，新的专业精神需要重申以此作为指导原则"，"在新的教学规范中，专业化和专业精神将围绕对教学和学生学习的道德定义而达到统一"。从本质来说，教学就是教人向善、使人向上的一种道德教育活动。

就学科来说，由于课程内容总是按照一定的价值标准来选择的，其本身就富含品行教育的元素。因此，教学在使学生获得一定的知识、技能和能力的同时，形成相应的对自然、社会、人生的立场、观点和态度，从而对学生的价值观、思想品德的形成和发展产生影响。离开了自然、社会和艺术学科的大量知识，离开了对这些知识之间联系和关系的总体理解，世界观、人生观、道德观、荣辱观的教育就会变成干瘪的说教。

还应当看到，在教学过程中，学生旨在掌握特定学科知识的学习活动本身也具有巨大的潜在教育性。也就是说，学生采取什么方式进行学习会极大地左右他们的情感、态度和性格。例如，如果学生只是被动地接受或机械地模仿教师传授的东西，他们往往会养成消极的情感、盲从的态度和性格；如果教师在教学过程中注意唤起学生积极的探究精神，引导学生逐步自主地解决问题，就有可能养成学生独立地、创造性地实现目标的态度和性格。同时，教学过程中形成的特定的社会心理和人际关系的性质，教师自身的态度、举止和言行也影响到学生品行的形成和发展。

3. 形成积极的态度

我国心理学家邵瑞珍曾从"态度"的定义出发，分析了态度的成分：态度是由"带有评价意义的观念和信念""情绪或情感体验""行为的准备或行动倾向"所构成。她还认为，当"价值标准经过组织并且成为个人性格一部分的稳定态度时"，就是一种品德。因此，"情感与态度"这一领域，大致就和通常所说的"需要与动机""情意侧面""思想品德与世界观"等范畴联系到了一起。

我们知道，美国著名教育家克拉斯沃尔和布卢姆等人于 1964 年出版了《教育目标分类学·第二分册：情感领域》一书，书中对情感领域的教育目标进行了详细的分类。克拉斯沃尔等人把情感领域的教育目标从低到高分为五级，它们分别是接受或注意，反应，价值评价，价值观的组织，价值或价值体系的性格化、品行化。这一过程实际上是情感、态度目标的逐步深化过程，其结果是形成稳定的人格。

从一堂好课来分析，积极的学习态度会充分地表现在学生的活动表现中，如学习的欲望和热情，自信心和克服困难的坚毅，在认知、情感、行为方面的主动投入，独立性，创造性和责任感等。其实，这就是《基础教育课程改革纲要》中对课堂实施提出的"主动参与，乐于探究，勤于动手"要求的具体落实。

事例点击

教学永远具有教育性
——从几个案例看课堂教学中的育人

一、"聪明"一词在教学中蕴含的"学法"与"教化"

著名特级教师霍懋征教"聪明"二字，先问学生："你们愿意做聪明的孩子吗？愿意的请举手！"全班学生争先恐后地举起了小手。接着，她告诉学生："每个人都有四件宝，如果学会运用这四件宝，人就会聪明起来。这四件宝是什么呢？我暂时不讲，先让你们猜几则谜语：'东一片，西一片，隔座山头不见面。'（耳朵）'上边毛，下边毛，中间一颗黑葡萄。'（眼睛）'红门楼，白门槛，里面有个嘻嘻孩。'（嘴）'白娃娃，住高楼，看不见，摸不着，缺了它就不得了啦！'（脑）"每当孩子猜中一则谜语，她就要学生讲讲这个人体器官的作用。猜谜之后，霍老师就剖析字形说："'聪'字，左边是耳朵的'耳'；右上方两点，代表两只眼睛；右边中间是'口'字，就是嘴；右下方是个'心'，代表'脑'。这四件宝合在一起，正好是个'聪'字。'聪'字后边之所以要加个'明'字，是因为这四件宝要日日用，月月用，天长日久，你们就会'聪明'起来。"

教师既让学生学会了"聪明"这个词，又让学生领会了汉字的学法——充分利用汉字特点，进行字理识字，还教育学生"怎样才能变得聪明"。教学活动本身的情趣性也促使学生喜爱学习。

二、物理教学中的"借题发挥"

教师在教学过程中，通过"借题发挥"，介绍有关知识背后隐匿着的一些可歌可泣、可敬可佩的人物轶事，使学生对这些教学内容产生亲切感，从而使之具有情感色彩。例如，有的教师在讲到放射性物质的时候，专门介绍了居里夫人是怎样历尽千辛万苦，克服了在物质上、精力上、身体上为常人难以想象的困难和煎熬，最后成功提炼出 1 克镭，获得诺贝尔奖的事迹。教师还讲述了这样一则轶事：有人愿出资 5 万英镑的巨款购买她的 1 克镭，但被她拒绝了。她宁可不取分文，无私地将这 1 克镭献给人类。她说："镭乃仁慈之工具，故应为世界所有。"学生听了无不为之动容，学习有关内容更加努力。

还有的教师在生物课上讲到微生物时，特地介绍世界闻名的法国微生物学家巴斯德。巴斯德小时候并不是一个超群绝伦的孩子。他的小学老师甚至认为："他是班级中个子最小，最羞怯，最不见得有出息的一名学生。"然而巴斯德却以顽强的意志和忘我工作的精神奋战在他日后所从事的科研工作中，成为近代微生物学的奠基人。他创造的巴斯德牛奶消毒法至今仍在运用。他在十几岁时就写道："词典里最重要的词是'意志''工作''成功'（Will，Work，Success）。"他以此作为他终生的座右铭。这些介绍无疑对学生学习有关知识产生良好的情感激励效果。

爱因斯坦在悼念居里夫人时曾说过："第一流人物对时代和历史进步的意义，在其道德方面，也许比单纯的才智成就更伟大。"课程中潜在的教育资源需要教师去发掘。

三、课堂活动中应充满人文气息

一位教师的听课有感（张秀萍）

我曾听过一节创意颇深的自然课。某老师为了证实氧气对生命的重要性，做了一个实验：把一只白鼠放在一个玻璃罐子里，慢慢抽去罐子里的氧气。小白鼠一开始很活泼，随着氧气的不断减少，它开始抽搐起来，最后四脚蹬了几下就死去了。整个实验过程形象直观，让人一目了然。在整个实验过程中，听课的老师和学生都观察得非常仔细，整个课堂静悄悄的。通过这个实验，学生很快就总结出氧气对于生命来说是不可缺少的，只是整堂课的气氛因为小白鼠的死而变得十分压抑。

评课时，教师们七嘴八舌地说着本堂课的优点。但是，突然有一位教师站起来说："我对该老师的课有看法。虽然层次清晰，步骤明了，学生从实验过程中很快就明白了氧气对于生命的重要性，但是，该老师违背了'热爱生命'的原则，教育过程缺乏人道主义精神。"

大家都以惊异的目光看着这位老师。他继续说道："教育的目的是要给孩子真知，但更重要的是要让他们学会心中有爱。这堂课虽然给了孩子们知识，但丧失了人性，把最重要的东西丢了。为了证明氧气对生命的重要性而用动物来做实验，但是，动物也是生命，我们应该教孩子们热爱生命。"

"那么，如果非要用动物来做实验，怎样才能既达到实验目的，又给孩子们生命教育，培养他们的爱心呢？"有人问道。

"很简单，小白鼠在挣扎时，立刻再给罐内通氧气，不仅可以再一次证明氧气对生命的重要性，而且能挽救白鼠的生命，并且我敢保证孩子们看到小白鼠'复活'时，一定会很激动，掌声一定很热烈。"掌声响了起来。

泰戈尔说过："教育的目的应当是向人传送生命的气息。"作为人类灵魂的工程师，教师有责任唤起学生尊重生命的良知。我们不仅要珍爱自己的生命，也要尊重所有生物的生命。在向学生传授知识的同时，我们不要忘记把我们的学生培养成为有人性的人。

（二）奠定智能发展基础

教育的目的是促进学生在品德、智力和体质等方面全面发展和终生发展。作为智育的主要途径，教学对学生的发展具有极为重要的作用。《国务院关于基础教育改革与发展的决定》在讲到"深化教学改革，扎实推进素质教育"时特别指出："继续重视基础知识、基本技能的教学并关注情感、态度的培养；充分利用各种课程资源，培养学生收集、处理和利用信息的能力；开展研究性学习，培养学生提出问题、研究问题、解决问题的能力；鼓励合作学习，促进学生之间相互交流，共同发展，促进师生教学相长。"

1. 重视基础知识教学和基本技能训练

知识问题向来是课程与教学的一个核心问题。"课程内容是指各门学科中特定的事实、观点、原理和问题，以及处理它们的方式"。也就是说，课程内容主要是由知识构成的。忽视了基础知识教学和基本技能训练，就游离了最主要的课程内容，也就毁掉了学生全面发展和终生发展的基础。

其实，在当代视野中，"知识"的概念已经大大拓宽。例如：心理学家安德森就把知识分为"陈述性知识"与包括技能和策略在内的"程序性知识"；比格斯提出了"事实信息""结构信息""方法信息"的知识构成；波兰尼划分出"明确的知识"和"默会知识"时，也把实践经验包含在知识之中。联合国教科文组织编写的《国际教育标准分类》对"知识"的表述是："知识是指人的行为、见闻、学识、理解力和态度、技能及能力中任何一种可以长久保持（并不是先天或遗传产生）的东西。"

所以，一堂好课必须让学生切切实实地掌握基础知识和基本技能，并使之成为学会学习与形成正确价值观的凭借、载体和依据。

2. 发展学生的智慧和才能

能力是潜在于个体身上，通过某种活动表现出来的个性心理特征，而智慧（认知能力）是能力的基础。能力与其他个性心理特征相区别的地方是，它是对活动进程及其方式起调节和控制作用的那种个性心理特征。能力在一个人的素质中处于核心地位。

《中共中央 国务院关于深化教育改革全面推进素质教育的决定》指出，智育工作"要让学生感受、理解知识产生和发展的过程，培养学生的科学精神和创新思维习惯，重视培养学生搜集和处理信息的能力、获取新知识的能力、分析和解决问题的能力、语言文字表达能力以及团结协作和社会活动能力"。新修订的《中华人民共和国义务教育法》还特别强调，要注意培养学生的独立思考能力、创新能力和实践能力。新课程的教学应贯彻这一精神。所以，一堂好课要求教师有效地组织学生的学习活动，在"动手、动口、动脑"的活动中把知识变为智慧，并使之在实际活动中表现出来。

3. 丰富对客观世界的认识

学生求知的目的在于正确地认识世界，并为改造世界和创造一个新世界做好准备，因此，好的课堂教学会为学生打开一扇正确认识客观世界的窗口，使他们以正确眼光和开阔视野去了解这个纷繁复杂的客观世界。我国著名教育学家叶澜教授在阐述学科育人价值时指出："任何一门学科的教学，都要认真分析本学科对于学生而言独特的发展价值，它除了指该学科领域所涉及的知识对学生的发展价值外，还应该包括服务于学生丰富对所处的变化着的世界的认识；为他们在这个世界中形成、实现自己的意愿，提供不同的路径和独特的视角；学习学科发现问题的方法和思维的策略、特有的运算符号和逻辑；提供一种唯有在这个学科的学习中才可能获得的经历和体验。"[①]

---

① 叶澜."新基础教育"发展性研究报告集 [M]. 北京：中国轻工业出版社，2004：21.

因此，一堂好课必须根据学科的特点，为学生认识特定的对象世界提供相应的视角、认知方式和解决问题的逻辑，发展他们的体验和表现能力。

 事例点击

一、数学怎样认识世界

这里有一个实际教学中的案例。在这堂课中学生需要建立对分数的初步认识。教师在和同学们共同明确了"一半"的含义后，并没有直接写出$\frac{1}{2}$，而是让学生自己设法表示出"一半"来。学生大多运用图形表示，如 ◐、 中、 △，还有一个学生用自己名字中的某个字的一半表示。教师并没有急于对这些表示进行评价，而是在介绍了数学的表示方法$\frac{1}{2}$后，询问学生是否愿意接受$\frac{1}{2}$这一表示方法。一些学生仍然觉得自己的方法比较好而拒绝新的表示方法。于是，教师鼓励他们运用自己的方法表示"一百分之一"。这时候，所有的学生都认识到"$\frac{1}{2}$"的简捷性和普遍性，心悦诚服地接受了这个"朋友"。

在这个教学案例中，教师的可贵之处在于他既为学生提供了充分展现自己表示方法的机会，又巧妙地设计问题，使学生认识到新的表示方法的特点，由此实现从自己的表示向数学表示的飞跃。

二、让学生领会物理抽象和理想化

特级教师陈延沛讲"摩擦力"。讲课开始，他提出一个有趣的问题："把一个一吨重的铁球放在地上，一只蚂蚁能不能推动它？"语音刚落，学生大笑，齐声答："推不动！""如果地面非常光滑呢？""也推不动！"仍有几个学生不服气地说。陈老师没有笑，要大家再考虑。忽然有人醒悟过来："推得动推不动，不是看大铁球的重量，主要看它与地面摩擦力的关系……"陈老师肯定了学生的回答，步步引导学生研究推力与摩擦力大小怎样影响水平方向的运动。

怎样去认识世界，物理显然有自己的方法论。在这个案例中，教师通过特定内容的学习，暗示了物理是怎样看待和处理客观现象的。

（三）教会学生如何学习

我们正处于一个信息化的社会。21世纪的人才如果不能以高效的方式去获取信息、分析信息和加工信息，那么将会被迅速发展的信息社会所淘汰。1972年，联合国教科文组织总干事埃德加·富尔在其所著的《学会生存》一书中提出，未来的文盲不再是不识字的人，而是没有学会怎样学习的人。联合国教科文组织原总干事纳依曼特别阐述道："今天教育的内容百分之八十以上都应该是方法……方法比事实更重要。"当代科学研究的最新成果已表明：学习效果＝50％的学习策略＋40％的努力程度＋10％的智商。

1. 展现认知过程

《中共中央　国务院关于深化教育改革全面推进素质教育的决定》指出，"要让学生感受、理解知识产生和发展过程"，其意就是要在展示获取知识的认知过程中，学会怎样思考、求证和解决问题。德国教育家第斯多惠说："不好的教师奉送真理，好的教师教人发现真理。"有时，过程比结论更具有意义。它能唤起探索和创造的欢乐，激发认识兴趣和学习动机；它能展现思路和方法，教会人们如何学习；它帮助我们建构进取型人格，通过效能感完善自我。一堂好课强调展现认知过程，就是强调学生探索新知的经历和获得新知的体验。

就学科而言，过程表征学科的探究过程和探究方法，结论表征学科的探究结果（概念原理的体系），二者是相互作用、相互依存、相互转化的关系。什么样的探究过程和方法论必然对应着什么样的探究结论或结果，概念原理体系的获得依赖于特定的探究过程和方法论。如果说，概念原理体系是学科的肉体，那么探究过程和探究方法就是学科的灵魂。

就教学而言，所谓教学的结论，即教学所要达到的目的或所需获得的结果；所谓教学的过程，即达到教学目的或获得所需结论而必须经历的必要程序。一堂好课如果不经过学生一系列的质疑、判断、比较、选择，以及相应的分析、综合、概括等认知活动，没有多种观点的碰撞、争论和比较，具有统一性的结果就难以获得，学生也难以真正理解和巩固。更重要的是，没有以多样性、丰富性为前提的教学过程，学生的创新精神和创新思维就不可能培养起来。而学生从"学会"走向"会学"，从适应性学习走向创新性学习，从接受和积累知识走向提出问题和主动获取新知，正是在展现知识获得的认知过程中实现的。

事例点击

展现探索的过程

教师提出一个课题：用一条直线等分长方形有多少种分法？

教师就这个课题讲了一个童话，大意是：从前有两个小朋友请求动脑筋爷爷帮助他们聪明起来。老爷爷拿出一块长方形的纸板说："这叫'智慧之板'，许多人都靠它学会了动脑筋，有的还成了大发明家。"小朋友听后争着要这块板。老爷爷又说："谁能画一条直线把这块板分成大小一样的两部分，而且想出十种以上的分法，我就把它送给谁。"两个小朋友开始只能想出两三种办法，后来果真想出了十种以上的分法。他们得到了这块智慧之板，并聪明起来。

小学生听过童话之后，都感到这个课题很有趣而跃跃欲试，并且争先恐后地到教师那里领取长方形纸，热情地投入解题活动。

开始，他们只能依据经验直观地思考，如用上下或左右折叠的方法分成两个相等长方形，或连接对角线分成两个相等的三角形。而后，他们分析作业，发现分割后的图形都是相同的形状，于是又试着画斜线分成两个相等的梯形，再往下找出其他划分法就比较困难了。学生就停手沉思起来。这时候教师稍稍启发说，"把已经发现的各种方法的等分线集中画在一起想一想，说不定可以发现新分法"，然后利用幻灯把上述划分法的线段依次重叠地投射到银幕上。

通过观察和综合思考，学生很快便发现"所有的线段都交在一点上"这个共性，于是他们惊叫起来："啊！通过这一交叉点的直线，都可以把长方形分成大小一样的两半。"

2. 掌握学习策略

学习策略是一个含义较广的概念。心理学家梅耶就把它定义为"在学习过程中用以提高学习效率的任何活动"。我国学者在分析学习策略的性质的基础上提出，学习策略就是在元认知的作用下，根据学习情境的各种变量、变量间的关系及其变化，调控学习活动和学习方法选择与使用的学习方式或过程。

有的学者认为，作为学习的内部规则系统，学习策略的实质是主动的学习者在对影响学习的各种因素及其关系的认识的基础上，即元认知的基础上，为达到一定的学习目的而对学习活动进行调节和控制的一系列执行过程。这些过程包括元认知的活动过程、学习的调控过程和学习方法的执行过程。就其结构而言，学习方法是学习策略的基本要素，学习的调控处于中介的地位，元认知是学习策略的深层机制。

一堂好课帮助学生掌握学习策略主要表现在：激活与保持良好的注意、情绪和动机状态，帮助学生分析学习情境、选择学习方法和制订学习计划，执行学习计划，运用学习方法，监控学习过程，并根据实际情况对计划与方法进行评价和反馈调节。

3. 转变学习方式

学习方式和学习方法是两个不完全相同的概念。学习方式是一个组合的概念，它作为学生完成学习任务时基本的行为和认知的取向，并非单纯指向行为操作，它掺入了学习意识、态度倾向和习惯。学习方法则是更为具体的解决问题的办法和手段。它不仅是取向，而且是朝某个方向行动的做法。学习方式不指具体的学习策略和方法，而是学生在自主性、探究性和合作性方面的基本特征。[1]

在一堂好课上，教师要根据不同学科和具体内容的特点，引导学生实现学习方式的多样化，精心指导学生开展自主性学习、探究性学习和合作性学习；要创设丰富的教学情境，注重学生的亲身体验；要引导学生在做中学，在用中学，通过各种活动把知识转化为能力。

---

[1]　孔企平. 论学习方式的转变 [J]. 全球教育展望，2001 (8).

三、 从教学活动的组织看一堂好课

教学是为实现教学目的，将教师、学生、教材、环境等要素组织在一个体系中的活动。教学活动中最活跃、最积极的因素是人——教师和学生，所以说师生关系是教学活动中的基本关系。在具体的课堂教学活动中，普遍存在着教师与学生、学生与学生之间的交往活动。这种交往有不同于一般人际交往的地方，它是以促进学生发展为目的，以人类的文明成果（课程）为中介的一种社会性相互作用。一堂好课会表现出如下特征。

（一）充分的交往互动

教学是教师的教与学生的学的统一，这种统一的实质是交往和互动。新课程强调，教学是教师与学生双方的相互交流、相互沟通、相互启发和相互补充。在这一过程中，教师和学生分享彼此的思考、经验和知识，交流彼此的情感、体验和观念，丰富教学内容，求得新的发现，从而达成共识、共享和共进，实现教学相长和共同发展。

1. 平等的教学关系

把教学过程视为师生交往互动、共同发展的过程，首先意味着建立一种平等的教学关系。传统的严格意义上的教师教和学生学，将不断让位于师生互教互学，彼此形成一个真正的学习共同体。对教学而言，交往意味着人人参与，意味着平等对话，意味着合作性意义构建。它不仅是一种认识活动过程，还是一种人与人之间平等的精神交流。对学生而言，交往意味着主体性的凸显、个性的表现和创造性的解放。对教师而言，交往意味着上课不仅是传授知识，还是一起分享理解；上课不是单向的付出，而是生命活动、专业成长和自我实现的过程。交往还意味着教师角色定位的转换，教师由教学中的主角转向"平等中的首席"，从传统的知识传授者转向现代的学生发展的促进者。可以说，创设基于师生交往的互动、互惠的教学关系是教学改革中的一项重要内容。[①]

2. 活跃的相互作用

瑞士心理学家皮亚杰提出，"儿童认知的发展是主体在社会性相互作用中，通过同化和顺应两种机制而导致的平衡化"。这就是著名的发生认识论。这里的"社会性相互作用"实际上就是社会互动。

课堂上的师生互动实际上就是师生双方以自己的固有经验（自我概念）来了解对方的相互交流与沟通的方式，即钟启泉教授指出的"通过相互作用的过程建构自己的意义世界。"钟启泉认为："教育的作用必然采取教师与学生之间的互动形式，而基于互动的经验如何内化为自身的东西就具有了重要意义。这样，当我们重新审视 ZPD（最近发展区）时，儿童绝不是被动地接受来自成人教育影响的存在，而是积极地互动，不断地内化互动活动中得到的东西的一种能动的过程。"[②] 互动的形式是多种多样的。哈泰帕就把互动分为"水平性互动"和"垂直性互动"。"水平性互动"指年龄特征、知识经验与发展水平大体相近的学生之间的互动。这种互动常采用小组讨论、相互教学等形式。它可以使学生学会倾听、比较和发现从不同角度提出的有差异的见解，促进节约思维、深入思考与反观自身而获得创见。"垂直性互动"是指儿童与成人、教师或高手之间的一种互动。它是在教师传递社会文化的活动中，在教师指导之下的参与。认知学徒制、作为"脚手架"的互动都属于这类互动。

3. 和谐的心理气氛

课堂气氛一般是指班级里各种心理的和社会的气氛，如拘谨程度、灵活性、结构、焦虑、教师的控制、主动性以及激励作用等。课堂气氛由师生之间、学生之间的情感交流与认知活动构成，它既反映了师生关系的性质，又影响师生关系。不同的班级有不同的课堂气氛。即使在同一个班级，也会存在不同的"气氛区"。如一位教师上课时气氛融洽活跃，另一位教师上课时气

---

① 余文森. 树立与新课程相适应的教学观念 [J]. 教育研究，2002（4）.

② 钟启泉. 社会建构主义：在对话与合作中学习 [J]. 上海教育，2001（7）.

氛却躁动或漠然。但是，课堂气氛又具有相对的稳定性，一旦形成了某种课堂气氛，往往就能保持相当长的一段时间，甚至不同的课堂活动也有可能被同样的气氛所笼罩。有的学者将课堂气氛分为积极的、消极的和反抗的三种类型。还有些学者认为课堂气氛可以表现为三种：一是以教师设身处地地理解学生为特征的支持型气氛；二是以学生提心吊胆地提防某种打击为特征的防卫型气氛；三是以师生相互反对为特征的对抗型气氛。所有研究几乎都指出，那种积极的、师生相互理解与支持的气氛，会提高课堂学习的效率，引发更多的努力和创造性探索。

和谐的心理气氛是建立在师生相互理解的基础上的，这种理解表现为交流沟通、彼此尊重、设身处地、共同体验和宽容悦纳。

陶行知先生教"从贞观之治到开元盛世"

众所周知，中国古代史的内容非常烦琐，包含各种文史资料、插图、题注，学生们往往眼花缭乱，甚至无所适从。因此，陶行知老师在教"从贞观之治到开元盛世"时，一反以前先讲述课本内容再分析重难点的做法，而是说："同学们，请大家先把本课要讲的内容浏览一遍，把你认为是重点的地方标出来，十分钟后开始讲课。这十分钟以里，你们可以自由讨论。"

学生们开始埋头阅读课本，时不时有学生交头接耳一番。

十分钟后，陶先生说："好了，大家都看完了吧？上节课我们学习了隋唐时期的部分知识，哪位同学回答一下：隋末农民战争爆发的原因是什么？结果怎样？"

一位学生站了起来："农民战争爆发是因为隋炀帝的暴政，而结果是在隋朝统治土崩瓦解的形势下，唐朝建立起来。"

陶先生赞许地看着他的弟子："对。隋朝灭亡了，江山落入李氏父子手中。公元618年，唐朝建立。唐朝从太宗时期开始进入繁荣阶段，史称'贞观之治'。到玄宗前期进入鼎盛时期，史称'开元盛世'。今天我们将学习唐朝前期这一段我国封建社会极盛时期的历史。那么，同学们，在这段时期，你们认为影响最重大的是哪一段？"

另一学生举手："陶先生，我觉得贞观之治和开元盛世最重要了，因为在这两个时期唐朝正处于鼎盛时期。"

这回立即有学生表示反对："不，我觉得贞观之治才是重中之重。"

陶先生微笑地看着这位反对者："你的理由呢？"

或许是被陶先生的微笑感染了，该学生的音调立即高了不少："因为唐朝正是从这个时期开始兴旺起来的。"

陶先生依然微笑着："可以说得具体一点吗？"

对方沉思了一会："唐太宗李世民借鉴了隋朝灭亡的教训，比较注重各方面的发展，这样唐朝从他开始兴盛起来，才会有后来的开元盛世。"

陶先生点头道："说得不错，这确实是个重要阶段。那么，为什么历代王朝第一代君主往往都比较重视社会生产呢？待会儿我们会详细讲述。苏珊同学，你刚才认为开元盛世也是个重点，你的理由呢？"

那位叫苏珊的同学立即站了起来："这段时期不仅是唐朝的全盛时期，也是我国封建社会前所未有的盛世，理所当然是一个重点了。"

陶先生笑逐颜开："有道理。那么，除了这两个重点，大家谁还有不同意见？百花齐放嘛，大家有话尽管说。"

另一个女生举手道："老师，武则天统治的时期是不是也是一个重点呢？"

陶先生笑道："问得好！贞观之治是一个开端，但开元盛世并不是直接在贞观之治的基础上发展起来的，所以说武则天在位的这段时期也不容忽视。唐高宗时武则天掌权，后来称帝，是我国历史上唯一的女皇帝。她统治期间，继续推行唐太宗的政策，社会经济不断发展，可以说她在位的时期上承贞观下启开元。下面我们开始详细讲述这三个时期。"

带着自己找出来的几个重点，学生们顿时有了明确的方向感。

一节课快到尾声时，陶先生问："谁能说出本节课的重点内容？"

立即有很多同学举手，其中一个答道："我发现，如果把我们前边分析过的几个重点串起来，就是这节课的一条线索。"

陶先生十分满意地点点头，哈哈笑道："说得对，既然大家都这么聪明，那么，以后课堂的重点和线索就交给你们自己去找了！"

这是一个经典的课例，教学中有学生的自主活动和探求，也有师生的互动与合作，学生的学习始终是在教师引导下的有目的的学习。

（二）有效的学习指导

新的课程观认为，教学过程是教师和学生对世界的意义进行合作性建构的过程，而不是客观知识的灌注和接受的过程。但这并不意味着教师的作用可以被忽视。正像小威廉姆·E. 多尔在谈到教师作为"平等中的首席""与情境共存"时所说，"教师的作用丝毫没有被抛弃"，"教师是内在于情境的指导者，而不是外在的专制者（无论多么仁慈）"。[①]"内在于情境的指导"要求教师终结那种从外面向学生灌注预存的客观知识的办法，放弃以支配、控制、专断为特征的一套方式，在教学中更多地关注学生的经验、体验和对问题的独特看法，尽可能地采用激励、对话、合作与协商的方法发挥学生的自主积极性。

1. 发挥教师的主导作用

教学是教师与学生交往互动、共同发展的过程。在教师与学生的相互作用中，教师起着主导的作用。这是因为，教学是一种定向的有目的的活动，没有教师的积极引导，就难以保证教学目标的实现；尽管学生是具有能动性的个体，但他们毕竟是不成熟的、发展中的人，没有教师的指导，他们的主体性就难以得到充分的发挥；教师与学生的角色地位存在着差异，他们各自拥有的信息和经验也不对称，学生需要在教师的引导下，才能有效地和经济地认识世界与获得发展。

教师的主导作用具体表现在教学中的角色意识和角色行为上。

- 教师作为促进者的角色：创设情境，激发动机，提供支持
- 教师作为组织者的角色：确定形式，有序展开，有效活动
- 教师作为指导者的角色：理解意义，把握内容，迁移应用
- 教师作为合作者的角色：经验共享，对话沟通，视界融合

---

① 小威廉姆·E. 多尔. 后现代课程观 ［M］. 北京：教育科学出版社，2000：238.

2. 优化课堂学习环境

一堂好课并不一定需要教师滔滔不绝地讲授，教师的主导作用还体现在他善于创造一定的学习环境来推动和维持学生的学习，使学生在适宜的环境中主动地建构意义和发展智慧。

对于一堂好课来说，学习环境的功能是为学习者完成学习行为提供资源、工具和人际方面的支持。其中，学习资源包括各种所需的信息材料，帮助学生学习的认知和信息加工处理的工具，学生的学习空间，等等。人际关系是指学生之间和学生与教师之间的人际交往。

在教学设计领域享有盛誉的国际著名学者 D. H. 乔纳森和 S. M. 兰德主编的《学习环境的理论基础》一书中，学者们提出，在设计学习环境时，应该提供对世界知识的多种不同表示，表现世界本身固有的复杂性；学习应该着重于意义建构的过程而不是知识产品；学习环境应该表现真实世界的任务，是与情境相关的任务，而不是抽象的任务，提供真实世界的基于案例的学习环境，而不是预先确定的教学过程；这些环境要便于学生进行与情境相关的知识建构，支持通过交流与合作进行的知识建构。

3. 搭建帮助学习的支架

由于受到知识经验和发展水平的限制，学生需要得到教师的帮助才能很好地完成任务。教师的职责不是代替他们学习或将现成知识存放在他们的头脑中。在一堂好课里，教师应当为学生的学习搭建好"脚手架"，使他们凭借这种支持拾级而上，自主能动地去获取知识。

"脚手架"亦称"支架"，是帮助学习者把经验组织起来，形成解决问题的适宜结构，使学习者在形成科学理解的最近发展区上得到及时的支持。教师在学生问题解决的适当时刻搭建了脚手架，确保了学习活动的效果和效率，从而使问题解决并吸引了学习者的兴趣。一堂好课所搭建的脚手架就是：在学习者最近发展区中提供必要的经验或联系，以促成其形成适于问题解决的组织良好的经验结构。从脚手架为学习者所提供支撑的功能出发，不同形式的脚手架可以分为五种类型：信息铺垫式、概念式、元认知式、操作程序式和策略式[①]。

（三）共同的参与投入

新课程倡导学生"主动参与，乐于探究，勤于动手"，强调要转变学生的学习方式，引导他们主动学习，探究学习，合作学习。一堂好课如果没有学生全身心的投入，没有学生和教师共同参与学与教的过程，学生的知识内化和心智发展就是一种侈谈。事实证明，那种单向灌输的教学方式和静听的被动学习是不可能全面达到教学目标的。

1. 组织学生参与活动

活动是人存在和发展的基本方式，是通过对周围现实的改造实现人的需要或目的的过程。从教学实践的层面来看，活动主要是指学校教育教学过程中学生自主参与的，以学生学习兴趣和内在需要为基础，以主动探索、变革、改造活动对象为特征，以实现学生主体能力综合发展为目的的主体实践活动。我们通常所说的活动教学，指的是在教学过程中建构具有教育性、创造性、实践性、操作性的学生主体活动，以鼓励学生主动参与、主动探索、主动思考、主动实践为基本特征，以实现学生多方面能力综合发展为核心，以促进学生整体素质全面提高为目的的一种新型教学观和教学形式。

瑞士心理学家皮亚杰把获取知识的活动分为两种——以内在心理活动为特点的"逻辑运算"和改变客体的"经验活动"。他还认为，正是这两种活动"构成了我们科学知识的起源"。其实，皮亚杰指出的获取知识的活动与知识的来源与我们常说的"动手、动口、动脑"是完全一致的。一堂好课正是在组织学生参与这样的活动中促进学生去理解、习得和运用知识的。

2. 促进学生身心投入

学生参与学习的活动并不一定是一种全身心的投入。有学者区别了学生的两种参与——程序化的参与和实质的参与，前者指单纯的行为参与，后者包括合理的心理投入，并认为只有实质的参与才同学生的高层次的思维发展

---

① 裴新宁. 面向学习者的教学设计 [M]. 北京：教育科学出版社，2005：293-294.

有关。因此,"参与"是一个涉及行为、情感、认知的组合概念。从课程的角度来说,学生参与是一种主动的个性化的课程经验,是以学生行为参与为载体的心理活动。

我国的研究者在国内外相关研究的基础上,对"学生参与"进行了深入的研究①,研究提出"学生参与"涉及他们在行为、认知和情感三个方面的活动。可以把学生在教学过程中的参与定义为:学生在课堂教学学习过程中的心理活动方式和行为努力程度。学生参与主要包括三个基本方面:行为投入、认知投入和情感投入。行为投入指学生在课堂中的行为表现,即学习行为是否积极;认知投入指学生在学习过程中的思维水平和层次(这些层次是通过学习方法表现出来的);情感投入指学生在教学过程中获得积极的情感体验。

3. 增加学生践履机会

一堂好课不仅要引导学生在做中学,而且要创造机会在用中学,因为如果学生学到的东西不能在实际的应用中去解决问题,这种去情境化的知识就难以真正地内化和活化,学生难以明白其意义,最终不过是一种不能产生效用和价值的呆滞的知识,徒具书本意义而已。这正如学者巴车夫所言:"实践证明,学生大部分时间是作为实践者而不是理论家。他们的任务是对教师提出的问题给出解答——是提供解答,而不是产生知识——这意味着教学情景的社会特征,我们必须分析要达到目标的性质,把目标当成做(doing)而不是知(knowing)。"②

因此,一堂好课应尽可能地创造一种应用知识的情境,使学生有机会自己动手去解决实践中的一些有价值的问题。新课程提出的综合性学习、实践与综合应用、综合实践活动等的目的也在于此。

《八只小猫》的教学设计

上海市一师附小蔡骏老师执教小学语文课文《八只小猫》,就较好地体现

---

① 孔企平. 小学儿童如何学数学 [M]. 上海:华东师范大学出版社,2001:15.
② 綦春霞. 数学课程论与数学课程教材改革 [M]. 北京:北京师范大学出版社,2001:30.

了整合的精密。她在初读的基础上，抓住总领句，要学生边读，边思，边议："为什么不喜欢猫的'我'，却喜欢八只瓷小猫?"由此，导读便切入了重点。教师主导的引领点拨和学生主体的读、思、写、用，分五个步骤双向互动，配合默契。

（1）观察实物。在读了第二节后，老师拿出作者所描述的八只瓷小猫的实物，让学生观察欣赏。百闻不如一见，教师让学生观察之后结合课文来说说这八只瓷小猫的姿态、毛色、颈圈、神情，便显得情趣大增。

（2）画像导读。老师觉得意犹未尽，又拿出放大了的八只小猫的画像，让大家琢磨，和课文对照读"有的静坐，有的打滚，有的招手，有的拍球，有的傻站着，有的翘起一条小腿，有的匍匐不前，有的待人去抢"，便有了生动活泼的情绪，教师再让学生体会这八个短句的排列有什么特点。

（3）辨悟节奏。老师觉得这样还不能让学生体味到其中的语言节律，于是便叫小朋友试着打乱这八个短句的顺序，仍用"有的"继续试读，会有什么感觉，使学生兴趣大增，认识到课文中的排列顺序是长短相间，错落有致，读起来才会如此朗朗上口。

（4）迁移应用。经过反复诵读，学生很快就能把这节课文背下来。教师适时地又出新招：要学生把课前收集的猫的各种图片拿出来，任挑几幅，用"有的"连接起来说说。于是课堂学习再掀高潮。

（5）编写故事。在导读了第三节课文后，老师发给每个小朋友一张印有八只瓷猫轮廓线的纸，让他们涂色，再剪下。然后让学生把它们作为一个集体，想咋摆就咋摆，发挥想象，编个故事写下来，以此印证课文中的一句话"一个摆法是一幕童话"。至此，学生手脑并用，情绪大增，学生无不喜形于色，沉醉于学习活动之中。

在这个案例中，学生的参与和投入是很充分的，学生在教师的引导下，通过动手、动口和动脑，在积极的活动中获得了知识，发展了能力。

四、 从教学进程的调控看一堂好课

教学是一个围绕教学目标有序推进的过程。这里的教学进程指的就是教学活动的启动、发展和结束在时间上连续展开的有序结构，即我们常说的在课堂上"先做什么，后做什么"的安排。一堂课的教学进程如果杂乱无章，枝蔓丛生，显然不利于学生的学习，难以达到预定的教学目标。从一堂好课教学进程的安排来看，它既要考虑教学内容自身的逻辑顺序，又要遵循学生认识活动的发展顺序。我们这里主要从操作的层面来讨论对一堂好课的要求。

（一）合理地激发和调节

动机是直接推动一个人从事活动的内部诱因或动力。人的绝大部分动机都是需要的具体表现，或者说是需要的动态化表现。需要可以表现为兴趣、意向、意图、信念等形式。学习动机是掌握知识、形成高尚完美品格的重要组成因素，有人甚至认为动机是"学习过程的核心"。就一堂好课而言，学生没有学习积极性是不可思议的。因此，合理地激发学生学习的动机，维持和调节好内在动力的运行，就成为设计一堂好课的要求之一。

1. 适当的动机水平

学生课堂学习的动机水平明显表现为一种情绪状态。学生在课堂学习中出现的情绪往往不是单一的，通常有愉悦、好奇、兴奋、焦虑等复杂表现。一般来说，愉悦、好奇、兴奋等是正性的积极的情感体验，而焦虑则是伴以紧张、恐惧和担忧的负性消极情感体验。但不论什么样的情绪，都应当保持适度。一般来说，中度偏上的动机水平比较有利于学习，而过高和过低的动机水平都不适宜学习活动中的认知加工，这已经为耶克斯-多德森定律所证明。基于这一点，教师在进行课程内容的情感性处理时，要注意情感调节和效果整合，使愉悦、好奇、兴奋乃至焦虑（适度焦虑）都保持在适宜范围内，不要过分施压，造成学生紧张。

2. 完善的反馈强化

动机的维护与发展离不开反馈与强化。一堂好课对学生的调控就是通过反馈与强化来实现的。

反馈是控制系统的基本方法和过程，也是学生学习的重要条件。美国心理学家、教育设计专家加涅认为："学习的每一个动作，如果要完成，就需要反馈。"我国学者和教育实践家顾泠沅，根据教学实验经验、传统学习理论和教育控制论以及布卢姆的掌握学习理论、阿莫纳什维利的自我评价体系等，提出一个反馈原理，作为让学生有效学习的教学基本原理之一。这个原理是：学习者的心理和行为向预期目标的发展，都需要反馈调节。教育者及时地、有针对性地调节教学，学习者参与自我评价，可以极大地改善学习的进程。有效的反馈机制是目标达成的必要保障。

强化是一个心理学概念。使有机体在学习过程中增强某种反应重复可能性的力量称为"强化"。课堂教学中的"强化"指教师在教学中的一系列促进和增强学生反应与保持学习力量的方式，如赞扬、批评、奖励、惩戒等。显然，作为一种控制行为活动的方式，强化是以获得关于行为活动的状态信息为依据，并借助于反馈来完成的。也可以说，强化是反馈调节控制的一种形式和一种结果。

3. 良好的课堂秩序

课堂教学的有效顺利进行需要一个良好的环境，维护一定的教学秩序就成为好课最明显的标志。通常来说，良好的课堂秩序是通过课堂纪律管理来保证的。这正如著名教育家赫尔巴特所说："如果不坚决而温和地抓住管理的缰绳，任何功课的教学都是不可能的。"当然，良好的课堂秩序并不是单纯"管"出来的。所以，有的教育家提出，"进行教学，它必须首先包含纪律管理"，这是因为教学本身（包括教学内容的组织特征、教学活动的结构、学生的接受程度和教师操作的合理性等）与课堂秩序息息相关。

（二）有序地展开和推进

课堂教学的进程应当是循序渐进的。教学要遵循的"序"无非是知识自身演进的"序"和学生认知发展的"序"。从学生课堂学习的心理动力变化的实际来看，"始动—发展—结束"是其基本的历程。一堂好课就像一支动人的曲子，有前奏，有铺垫，有高潮，还有余音袅袅的尾声。因此，教师设计一堂好课也就大体呈现一定的阶段。

1．重视启动和导入

启动和导入都是为学生学习新知识做准备工作，包括动力方面的准备和认知方面的准备。

启动主要是引起学生的学习动机和兴趣，激发学生的好奇心和探索欲望。教师往往利用问题、演示、实验、视像画面、言语描述等手段来创设这种情境。启动环节主要是非认知因素在教学中起作用，能够恰当体现教学活动的目的性和认知情意的一体化。除了启动教学的作用之外，启动环节还对整个教学活动具有保障作用。导入的主要功能在于使新、旧学习任务之间能顺利地过渡衔接。导入环节之所以重要，是因为任何新知识的学习都离不开与学生已有的相关经验直接发生作用，离不开学生依托旧经验来建构新任务的意义。

启动和导入仿佛是一堂课的序幕，虽然并不是正戏，却是人们进入正戏不可或缺的激励语和引导词。好课的启动和导入往往与此后学习的内容有着密切的联系，甚至浑然一体。

2．抓好展开和深化

展开环节是上课的主体部分，要求学生对所学内容能有实质性的理解并能初步掌握。课堂教学能否达到教学目标在很大程度上取决于展开环节是否合理和有效。教师在展开环节要做的工作主要包括：按照教学内容的特点选择好教材呈现的方式，提供必要的例证和经验使学生理解教材；指导学生对所学的知识内容进行编码和存储；组织学生进行巩固练习和完成相应的作业；

引导学生在应用中深化理解，真正掌握内容的实质；针对学生的各种反应做好教学调整、教学诊断和教学补救。

3. 注意总结和延伸

教学是一门艺术，无论是教一章、一节，还是教一课，其教学的过程都应当是一个浑然天成的整体。人们常常借用我国元代散曲家乔吉关于文章结构的技法来比拟课堂教学艺术创造的过程结构，即所谓的"凤头、猪肚、豹尾"。事实上，好的课堂教学，不仅应当有引人入胜的导入，有丰满充实的展开，而且应当有发人深思、余味无穷的结束。从某种意义上说，结束有时显得更重要。因为它要对教学内容进行梳理、概括和深化，并与后面的教学建立某种联系。这时又往往是学生感到疲乏、警觉性降低、教学效果欠佳的时候，最需要外界刺激，以保持兴趣的连续性。因此，教师应当精心设计结课这一环节。

一堂好课的结束应当注意以下三点：

• 对教学内容进行梳理、归纳和总结，加深巩固学生所学知识并使之系统化。

• 促进知识的拓展、延伸和迁移，为新知识的学习做准备。

• 激发并维持学生继续学习的动机，培养学生的主动精神和创造能力。

（三）科学地预设和生成

为了设计一堂好课，教师无疑应当根据教学目标和课程内容，精心地进行教学的预设。但是，这种设计不应当是限制教师与学生探索、创造的框子。课堂教学面对一个个富有个性的、具有独特精神生活方式和经验的学生，而学生"作为一种活生生的力量，带着自己的知识、经验、思考、灵感、兴致参与课堂活动，并成为课堂教学不可分割的一部分，从而使课堂教学呈现出丰富性、多变性和复杂性"。"课堂教学不应当是一个封闭系统，也不应拘泥于预先设定的固定不变的程式。预设的目标在实施过程中需要开放地纳入直接经验、弹性灵活的成分以及始料未及的体验，要鼓励师生在互动中的即兴创造，超越目标预定的要求。人们无法预料教学所产生的成果的全部范围。没有预料不到的成果，教学也就不能成为艺术了（布卢姆）。"①

1. 精心做好教学预设

一堂好课必须按照教学目标的要求认真地做好精心准备和系统筹划，这种预设是保证教学效果和效率最基本的条件，也可以说是教学设计的底线。一堂课信马由缰，想到什么就教什么，不对教学内容进行研究和处理，不分析学生的实际，不规划出学与教的有效活动，不做好课业指导，是无法产生预期的结果的。因此，一堂好课要为促进学生的学习做好预先的构想和设计，在系统的筹划中对于教学目标、教学内容、教学程序、教学策略、教学媒体、教学评价等做好周密思考和精心安排。当然，教学设计并不要求将教学中的一切事件都罗列出来。当我们将课堂上的每个细节（甚至每次问话和预期的问答，每个结语与教师设想的评议等）都预设出来时，这不仅意味着无视课堂教学的生成性和充满生命活力的学生的存在，也是在作茧自缚。因此，教学设计只有凸显操作的主线，明确全过程从哪里切入，怎样展开，怎样深入，达到什么目的……才能做到在课堂教学中既脉络清晰，不枝不蔓，又能收放自如，游刃有余。

2. 保证必要的弹性空间

教学设计应该只是一种教学构想，而不是一份施工蓝图。教学设计是教师为学生规划学习过程，规划主要发生在不同学生头脑中的事情，即使教师进行了深入调查，也无法完全弄清所有学生的情况。因此，在教学中，改变甚至完全抛开事先写好的教学步骤是常有的事，而且事先设计得越具体，越周详，有可能需要改变的就越多。②

曾提出"让课堂充满生命活力"的我国著名学者叶澜主张，应设计"弹性化的教学方案"。他指出："在教学过程中强调课的动态生成，但并不主张

---

① 钟启泉，崔允漷，张华. 为了中华民族的复兴　为了每位学生的发展：《基础教育课程改革纲要（试行）》解读 [M]. 上海：华东师范大学出版社，2001：277.

② 文喆. 关于教学设计的若干思考 [J]. 人民教育，2003（13）.

教师在课堂上信马由缰地展开教学，而是要求有教学方案的设计，并在教学方案设计中为学生的主动参与留出时间与空间，为教学过程的动态生成创设条件。"教学过程的设计重在如何开始、如何推进、如何转折等全程关联式策划。至于终点，何时戛然而止，并不是绝对的，重要的是水到渠成，不是硬性规定步子大小与全班齐步行进。过程的设计也要有弹性区间，可以通过不同的作业、练习、活动来体现。

第二章

上好一堂课为什么需要精心设计

明确一堂好课的基本要求，仅仅是知道了一些较为理想化和一般化的标志。在教师的教学实践中，还需要将这些要求落实到特定学科内容的教学活动中去，这当然只有靠教师的创造性劳动，特别是创造性思维才能实现。我国有句古话："凡事预则立，不预则废。"精心设计是教学活动顺利开展和有效进行的前提和保证。

明确一堂好课的基本要求，仅仅是知道了一些较为理想化和一般化的标志。在教师的教学实践中，还需要将这些要求落实到特定学科内容的教学活动中去，这当然只有靠教师的创造性劳动，特别是创造性思维才能实现。我国有句古话："凡事预则立，不预则废。"精心设计是教学活动顺利开展和有效进行的前提和保证。特别是在基础教育课程改革不断深化的背景下，教学设计已经出现了许多新思路、新经验和新探索。

一、 课程改革的要求

我国正在有序推进的基础教育课程改革是一次深刻的文化变革和教育创新。从新一轮基础教育课程改革的特点来看，要构建符合素质教育要求的课程新体系，绝不仅是教材内容的增补删减或局部调整，也不只是对教学方法、教学组织形式的改头换面或小打小闹。也就是说，它不再只是停留在学科层面或教学法层面上，它是一种课程文化的再创造，涉及课程理念、课程架构和课程实践的深刻变革。即使是学科标准的解读和课堂教学，也必须在新的课程理念下进行。所以，在课程实施的阶段，学校和教师必将面临一次教学改革的洗礼，一次挑战与机遇并存的真正考验。

（一）教学是课程实施的重要途径

著名课程理论家富兰有一句名言：变革是一个旅程，而不是一个蓝图。一般来说，一个完整的课程变革大体包含课程计划、课程采用、课程实施、课程评价等几个相互联系并相互作用的环节。课程实施是将被采用的课程计划付诸实践的过程，是整个课程改革的核心环节。这就是富兰在1977年指出的，课程实施是指课程革新的实际使用状态，或者说是革新在实际运作中所包括的一切——革新的现实化和制度化。

我国学者施良方教授在《课程理论——课程的基础、原理与问题》一书中把课程实施归结为两种基本方式：一种把课程实施看成变革；另一种认为课程实施即教学。其实，二者是统一的。因为新课程方案的实施，首先要变革课程实施的主体——教师的教学观念、教学策略和教学行为方式，才能真正实现教学的全面改革。因此，可以把课程实施看成通过人的思想观念和行为方式的变化而实现的教学改革。

那么，作为课程实施的重要途径，教学应当秉持怎样的基本理念来指导教学设计呢？

（1）新课程的教学设计有一个很明确的价值追求，也就是促进每一名学生的发展，因此它"面向全体，发展个性"。

（2）新课程的教学设计是以课程目标为中心的设计，它的课程目标包括"知识与技能""过程与方法""情感态度与价值观"三个相互联系、相互渗透的方面。

（3）新课程的教学设计重视基础知识教学和基本技能训练，重视培养学生收集与处理信息的能力、获取新知识的能力、分析解决问题的能力以及交流与合作的能力。

（4）新课程的教学设计把教学过程视为师生交往互动、共同发展的过程。

（5）新课程的教学设计倡导学生主动参与，乐于探究，勤于动手，习得自主、探究、合作的学习方式。

（二）新课程对教学设计的操作要求

用新课程的理念来指导教学设计，必须落实到对整个教学活动的具体筹划中，也就是说，要对教学操作层面上的许多关系和许多事件提出一个基本的思路。

1. 辩证认识结构要素

在新课程的视野中，课程与教学的结构要素及其功能都发生了深刻的变化。具体内容如下：

教师：学生学习的促进者、引导者和合作者。

学生：学习的主体，教学的主轴，课堂的主人。

教材：一些范例，一个载体，一种资源。

环境：课程的要素，智力的背景，学习的条件。

新的课程观认为：教学，就是在一种支持性的学习环境中，教师与学生以教学内容为话题、谈资而展开的一场对话。教师作为"与情境共存"的"平等中的首席"，要激励和引导学生通过主动参与、自主探究和合作商议等活动，在广泛的师与生、生与生的经验交流、知识共享、思想碰撞中逐步达成对教学内容的共识和理解。在这一过程中，学生始终是学习的主体和自我发展的主体。教材则是引导学生认识发展、生活学习、人格建构的一种范例，是引起学生认知、分析、理解事物并进行反思、批判和建构的题材，是学生在与其对话中获得发展的文化中介。

只有这样看待教学的结构要素，教学设计才能推动学生的发展。

2. 整体筹划教学活动

课程与教学的结构性要素是一些在系统中以某种关系存在的客观事实，在教学设计中还必须把这些要素组织在一个关系系统中，以教学活动的形式表现出来。因此，系统化的教学设计强调整体筹划教学活动。

从总体上看，教学活动的筹划主要涉及以下几个方面：首先是教与学的关联和匹配。没有教师与学生的交往互动和同步共振，这样的教学设计必然是蹩脚的；教师引导和支持下的自主学习必然产生教与学的协调和互惠。其次是教师、学生与文本的对话。教师和学生围绕着课程文本（教材）展开的对话不仅是他们利用各自经验对文本的解读和再创造，而且是他们吸收文明成果和历史智慧的主体性行为。再次是目标、策略与方法的组合。必须考虑目标对策略的要求和策略对目标的适应性，并把策略与方法组合成一定的活动程序以便于实施。最后是进行媒体的选择和作业、测评的设计。这样做的目的当然是支持教学目标的实现和教学策略的实施，并且提供结果的诊断以改进系统的运行。

3. 有机整合课程资源

在新课程的视野中，教材并不是唯一的课程资源，教师不应只是"教课本"，而应当是"用课本教"，这就需要教师有机地整合课程资源，创造性地使用教材。我们知道，课程资源是形成课程的因素来源和实施条件。根据这种界定，课程资源可以分为素材性资源（知识技能与经验，活动方式与方法，情感态度与价值观以及目标等因素）和条件性资源（人力、物力与财力，时间、空间与媒介，设备、设施与环境，以及认识因素等）。尽管关于课程资源还有种种分类和提法，但对于教学设计来说，最核心的问题是作为课程资源主体的教师必须具有课程资源意识，善于开发和利用各种自然的、社会的和人文的资源，促进课内外学习和运用的结合，在以教材作为范例的基础上，运用多种形式，凭借各种载体，通过实践与综合应用，使学习的空间更加广阔，学习的内容更加丰富，学习的形式更加生动。

4. 精心创设教学情境

教学设计首先要做的事就是精心创设一个让学生置身于其中的情境。这种情境可以是一个蕴含着某种实际问题的事件（实在情境），可以是引起学生兴趣并要求他们讨论的图画或录像（图像情境），也可以是教师描绘、模拟甚至虚构的语言陈述（符号情境）。当学生的学习被抛锚到了真实的任务情境中，他就会面向生活和实践，为解决问题而学习；就会产生一种"心愤愤"而"口悱悱"的状态，形成主动寻求知识的内在动力；就会去自主地寻觅、探究和发现，学会怎样学习，也才可能获得更多的积累、领悟和体验。学生在这种情境中主动学习所获得的东西，比之讲授给予他们的也会丰富得多，扎实得多，而且这样做对激发他们的学习兴趣，发展他们的基本素养，意义可以说是更为深远的。

5. 灵活处理操作预案

教学设计与课堂教学（即我们通常讲的备课与上课）是教学工作的两个最重要的环节。为了有效地上好课，教师无疑应当根据教学目标和课程内容，认真地进行教学设计。但是，这种设计不应当是铁定的限制教师与学生探索、创造的框子；课堂上的教学操作也不应当是"教案剧"的照本上演。教学面对的是一个个富有个性的、具有独特经验与体验的学生，教学要促进学生发展，就不能无视它的存在。正因为学生是"作为一种活生生的力量，带着自己的知识、经验、思考、灵感、兴致参与课堂活动，并成为课堂教学不可分割的一部分，从而使课堂教学呈现出丰富性、多变性和复杂性"。"课堂教学不应当是一个封闭系统，也不应拘泥于预先设定的固定不变的程式。预设的目标在实施过程中需要开放地纳入直接经验、弹性灵活的成分以及始料未及的体验，要鼓励师生在互动中的即兴创造，超越目标预定的要求。'人们无法预料教学所产生的成果的全部范围。没有预料不到的成果，教学也就不能成为艺术了。'（布卢姆）"①

从一首古诗的教学看新课程的教学设计

——《游园不值》教学片段②

师：这一枝粉红的杏花出现在诗人的眼前，诗人便断定那满园春色已经关不住了。假如你就是诗人，你会想象园内会有哪些景物，都是什么样的呢？能给大家描述一下吗？

生：园内百花盛开，五颜六色，红的似火，粉的如霞，白的赛雪，漂亮极了。几棵高大的柳树像用碧玉装饰成的，柔软的枝条在风中飘摆。

生：小草绿油油的，像给花园铺上了绿色的地毯。花丛中，一只只蝴蝶翩翩起舞，辛勤的小蜜蜂正忙着采蜜。

生：一条小河从花园边上"哗哗"地流过，河水清澈见底，绿树、红花、蓝天、白云映在水中，如同一幅动人的图画。

师：你们的想象多丰富啊！诗人就像你们一样，眼看出墙"红杏"，心想墙内百花；眼看出墙"一枝"，心想墙内万树。此时他的心情又如何呢？

生：诗人会高兴起来，觉得没有白来。（师板书"高兴"）

师：谁能带着这种心情来读读这两行诗？（师指名，生有感情地读诗）

师：既然大家已经体会到了诗人的感情，就请同学们做一回诗人叶绍翁，到前面来边吟诗边表演诗中的情景。老师给你们配乐。谁想来？其他同学要认真看，然后依据你们对诗句的体会评价他们的表演。

（一学生走到前面表演。他慢慢走来，轻轻敲门，等了一会儿，踮起脚张

---

① 钟启泉，崔允漷，张华.为了中华民族的复兴　为了每位学生的发展：《基础教育课程改革纲要》（试行）解读［M］.上海：华东师范大学出版社，2001：227.

② 关文信.新课程理念与小学语文课堂教学实施［M］.北京：首都师范大学出版社，2008：117-119.

望，又轻轻敲门。过了一会儿，他长长叹了一口气，吟道："应怜屐齿印苍苔，小扣柴扉久不开。"他转身要离开，一抬头，眼睛一亮，满脸惊喜，踮起脚伸出手拉过"一枝红杏"，凑到鼻子下，吸气，闭眼微笑，吟道："春色满园关不住，一枝红杏出墙来"。）

生：我觉得他演出了诗人由失望到高兴的心情变化。但是我想园外的路上也会有青苔，诗人如果也爱惜它们，走路的时候就应该小心些，躲闪着脚下的苍苔。

生：我觉得他准确地表现了"小扣""久不开"等特点。可我想红杏已经出墙了，在春风中诗人不必凑过去就应该闻到香味了。他这里表演得不太合适。

（另一学生再次表演，其他同学不由自主地随着吟诗）

师：红杏和绿柳从古至今都是春色的典型代表，而本诗中这枝红杏更因为预示了满园春色而流传千古。其实，春色一旦满园，不仅是杏花，其他景物也会冲破围墙向我们宣告春天的来临。下面，同学们就用杏花之外的其他景物改写最后一行诗：春色满园关不住，下一句怎么接？有困难的可以组内合作改写。

（生在组内讨论，推敲，师到各组参与讨论，合作学习5分钟）

生：春色满园关不住，阵阵花香扑鼻来。

生：春色满园关不住，绿柳如丝出墙来。

生：春色满园关不住，蜜蜂蝴蝶翩翩来。

生：春色满园关不住，河水叮咚入耳来。

生：春色满园关不住，杨花柳絮过墙来。

（师生共同对改写的诗句做出评价）

师：看起来同学们不仅能读懂古诗，也可以写古诗了。课后同学们就模仿这首《游园不值》也写上一首赞美春天的诗，能行吗？（生兴奋地点头）

师：其实，赞美春天的优美诗句还有很多，老师今天就再推荐给同学们一首《春江花月夜》，可以在《唐诗鉴赏词典》中查到。这首诗共36句，被闻一多先生誉为"诗中的诗，顶峰的顶峰"。课后大家运用古诗图式读懂这首诗，周五的读书汇报会上我们就专门来欣赏这首诗。

从这堂课的教学设计来看，学生显然是整个学习活动的主体，教师作为"平等中的首席"，在引领着学生的活动；课堂上充满师生之间、生生之间的交往互动，学生在动手、动口、动脑的主动参与中建构了知识的意义，学生充分发挥自己的能动性，有想象，有创作，还有延伸寻找课外的资源。

（三）有效教学要由精心设计来保证

教学是否有效最重要的标志是能不能达到教学目标，这要靠精心设计来保证。教师对一堂好课的教学设计，是在充分满足学生发展需要的基础上，调动自身的知识储备和理论素养进行创造性思维的成果。教师至少要从以下三个方面来保证教学的有效性：

1. 充分了解学生发展的需要

学生是发展中的个体，是祖国社会主义事业的建设者和接班人。学生发展的需要首先是一种社会性的需要。他们需要按照国家对未来公民的素质要求，学习一定的本领，形成一定的品质。这种社会需要反映在各学科的课程标准和教材内容中，教学设计正是通过研究课程内容来满足这种需要的。由于学生的发展水平和知识经验存在着个体的差异，他们满足社会需要的可能性不可能完全相同，因此，教学设计还要通过了解学生的实际状况来保证教学目标的顺利达成。

2. 实现教师素质的现实性转化

教师进行有效教学要求教师本身具备一系列的素养，但教师只有这些条件而不去认真准备、精心设计一堂课，仍然不能保证教学任务的顺利完成。教师进行教学设计，其实质就是把已有的素养转化为现实的教学效果，把可能的教学能力转化为现实的教学能力的过程。具体来说，教师在教学设计中要实现三个转化：一是教师要通过教学设计，钻研课程内容，把教材中的知识转化为用自身经验充实起来的"活"知识；二是教师要通过教学设计，把课程标准提出的要求转化为教学活动的指导思想；三是教师要在教学设计中找到教材内容与学生知识经验的契合点，从而转化为教学的实施途径和操作步骤。

3. 用教学理论改进教学的结果

教师要以一定的教学理论指导教学设计。著名的教学设计专家赖格卢特和梅里尔等人认为，从教学设计的角度来说，教学理论有三种主要成分——方法、条件和结果，教学理论与模式理应包括对教学结果产生重要影响的各种方法和条件变量。赖格卢特和梅里尔为此提出了一个框架，用以说明课程与教学设计在改进教学结果方面能够从哪里着手（如图 2 - 1 所示）①：

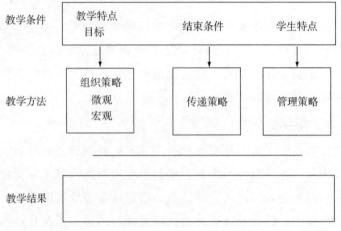

图 2 - 1　教学方法与教学条件互动的框架

（条件变量并不完整，只代表对每一类方法最具影响力的条件）

从图中可以看到，针对课程与教学设计而言，教学方法变量分为三组，首先是组织策略变量，这是指组织学科内容的基本方法。

其次是传递策略变量，主要涉及将教学的内容向学习者传递以及从学习者那里接受反应和做出反馈的方法要素。

最后是管理策略变量，它是指对哪一种组织策略和传递策略成分在教学过程中什么时候使用做出决策的方法要素。

运用教学方法获得的结果涉及三个方面：

教学效果：通常以学生的成绩水准作为判断的依据。例如，能举出某一概念的实例，能遵守特定的程序开展活动等。

---

① 盛群力，李志强. 现代教学设计论［M］. 杭州：浙江教育出版社，1998：5.

教学效率：常常是以效果与学生的学习时间及教学的代价（教师投入时间、教学设计与开发成本等）相比较而得出判断的。

教学吸引力：常常是以学生对继续学习的倾向性做出判断的，实际上反映了学生学习意愿、动机、毅力等方面的情感和态度。

从上述分析不难知道，没有在教学理论指导下的教学设计，没有对教学条件、教学方法和教学结果的全面、系统的分析和周密细致的设计，教学的有效性就只能是一个泡影。

二、 教学设计的发展

教学设计尽管只有一段短暂的历史，但是这一领域先后出现过艺术的、科学的、工程的等各种不同的观点。用系统论的观点和方法对教学系统进行设计则是近 20 年来发展起来的一项现代教学技术。教学设计经历了几代学者的探索，已经积累了相当丰富的思想资料和认识成果，成为我们设计一堂好课的重要参照。

（一）现代教学设计的含义

教学设计也就是一般意义上所说的备课，不过它强调的是"采用系统设计教学的原理来备课"。当代著名教学设计理论家迪克和赖泽称之为"系统化备课"。他们认为，"备课就是对长期或短期的教学活动做出计划，所以，备课也就是规划教学"。[①]

究竟教学设计是指什么呢？从教学设计的视角来看，"教学"有特定的含义。加涅、布里格斯等认为："教学可以被看成一系列精心安排的外部事件，这些经过设计的外部事件是为了支持内部的学习过程。"也就是说，教育过程

---

① 盛群力，褚献华. 现代教学设计应用模式［M］. 杭州：浙江教育出版社，2002：145.

中这种有目的、有计划地安排学习经历，以使学习更加有效的过程，就被称为"教学"。教学设计，正是规划一个学与教相互配合的序列，安排好各种教学的"事件""情境"和"刺激"，以唤起、维持并推动学习者进行有效学习的一种教学实践活动。

许多研究者都认为，教学就是为了促进学生学习而对学习过程和学习资源所进行的安排。根据教学的这一特性，布里格斯曾为教学设计下了一个定义：教学设计是分析学习需要和目标，以形成满足学习需要的传送系统的全过程。在这一定义的基础上，瑞达·瑞奇提出，教学设计是"为了便于学习各种大小不同的学科单元，而对学习情境的发展、评价和保持进行详细规划的科学"。在他们的定义中，都包括生成教学资源和活动以及试验和修改教学的评估活动。加涅在他的《教学设计原理》中把教学设计界定为：教学设计是一个系统化规划教学系统的过程，教学系统本身是对资源和程序进行有利于学习的安排。赖格卢特则特别强调："教学设计主要是关于提出最优教学方法的处方的一门科学，这些最优的教学方法能使学生的知识和技能发生预期的变化。"他们对教学设计的表述涉及教学资源的利用、教学活动的安排、教学方法的组合以及教学成效的评估等方面。

我国著名学者何克抗在综合多种教学设计定义的基础上提出，"教学设计主要是运用系统方法，将学习理论与教学理论的原理转换成对教学目标、教学内容、教学方法、教学策略、教学评价等环节进行具体计划、创设教与学的系统'过程'和'程序'，而创设教学系统的根本目的是促进学生的学习"[①]。

所以，我们可以说，教师在备课过程中，用系统方法把各种教学资源有机地组织起来，对教学过程中相互联系的各个部分的安排做出整体规划，建立一个分析和研究的方法，制订解决问题的步骤，对预期结果进行分析，这一过程就是教学设计。实际上，所谓教学设计，也就是为了达到教学目标，对教什么、怎样教以及教出什么效果所进行的设计。

---

① 何克抗，郑永柏，谢幼如. 教学系统设计［M］. 北京：北京师范大学出版社，2002：3.

理解教学设计的含义，要注意以下要点：

• 教学设计的目的是促进学生产生预期的变化；教学的目标应当体现为学生的发展而不是教师做了些什么。

• 教学设计的重点是要对资源和程序做出有利于学生学习的安排。

• 教学设计的操作是"设置教学事件"，以唤起、维持和推动学生学习。

• 教学设计的成果是制订符合学生实际的处方，有效解决教与学中的问题。

（二）现代教学设计的特点

把教学设计称为"系统化备课"，这就意味着它的内涵和方法有一些特殊之处。

1. 系统理论和方法

系统论认为，一切事物都是由一定数量的要素按照一定的关系组成的，是具有一定功能的相互联系、相互作用的整体，是一个系统。每一个系统又可以包含若干个系统；同时，它自身从属于更大的子系统。教学设计把教学过程视为一个由诸要素构成的系统，因此需要用系统的思想和方法对参与教学过程的各个要素及其相互关系做出分析、判断和调控。美国教学设计专家肯普在《教学设计过程》一书中指出：教学设计是运用系统方法与技术分析研究教学问题和需求，确立解决它们的途径和方法，并对教学结果做出评价的系统的计划过程。这里的系统方法是指教学设计从"教什么"入手，对学习需要、学习内容、学习者进行分析，然后从"怎么教"入手，确定具体的教学目标，制订行之有效的教学策略，选用恰当、经济实用的媒体，具体、直观地表达教学过程各要素之间的关系，对教学绩效做出评价，根据反馈信息调控教学设计各个环节，以确保教学和学习获得成功。

总之，现在得到公认的教学设计方法是系统设计方法。它有两个基本含义：一是指着眼整体，纵观全局，也就是说，教师在安排每一个教学活动时，胸中有全局，兼顾各方面，而不是片面强调和突出某一点；二是指循序操作，精细落实，这表明教学的效果来自环环相扣、扎实有效、连贯一致的教学促进行为。①

2. 为学习设计教学

加涅曾提出一个响亮的口号："为学习设计教学！"这具体体现在他长期探索得出的几项基本结论中：有不同的学习结果，也有不同的学习条件；对掌握不同的学习结果而言，必须有不同的内部条件和外部条件，教学的目的就是为了合理安排可靠的外部条件，以支持、激发、促进学习的内部条件，这就需要对教学进行整体设计，从教学分析、展开和评价等方面做出一系列事先筹划等。"为学习设计教学"体现出一种"以学习者为本"的追求。教学本身是围绕学习展开的，教是为学服务的。现代教学设计非常重视对学习者的不同特征进行分析，并以此作为教学设计的依据。它强调充分挖掘学习者的内部潜能，调动他们学习的主动性和积极性，突出学习者在学习过程中的主体地位，促使学习者内部学习过程的发生并带来积极变化。它注重学习者的个体差异，着重考虑的是对个体学习的指导。

3. 最优化的思想

我国学者李其龙在其编著的《教学过程设计》一书中指出：教学设计是依据对学习需求的分析，提出最佳方案，使教学效果达到最优化的系统决策过程。现代教学设计强调为达到特定教学目标，对教学活动的各种要素进行最优的选择与组合。教学设计是针对学习者、学习资源和一定的环境而进行的运筹，因此，"不同的学习需要不同的条件"，要进行"分类教学"；教学过程要依据学习过程的性质和特点，教学步骤要有助于推动学习过程的展开与预期学习结果的达成。现代教学设计着眼于教学条件与教学策略之间的互动，注重教学结果的高质量，追求教学效果、教学效率（单位时间的成效）、教学吸引力（学生继续学习倾向）的统一，达到"减负增效"，促进学习者道德、智力、体质、个性等方面全面发展的目的。

---

① 盛群力，马兰. 为学生的有效学习系统设计教学 [J]. 宁夏教育，2003 (15)：13-17.

4．科学与艺术的结合

现代教学设计是建立在科学的理论基础之上的。这些理论以综合的方式在教学设计过程中得到不同的体现。科学讲求精确，遵循客观的逻辑，但这并不意味着教学设计有种种僵硬的、凝滞的或整齐划一的模式。由于教学目标的多元性、教学对象的多样性、教学策略的多变性以及教学情境的复杂性，现代教学设计十分注重灵动、变化、创新和生成，因而它必然是艺术的。总之，教学设计追求科学性与艺术性的统一。

（三）现代教学设计的程序

系统设计教学有许多不同的模式，所包括的程序也不尽相同。不过，最重要、最简明的程序还是当代著名教学与培训专家马杰曾经表达过的一个思想，即主要回答三个问题：

（1）你想到哪里去？——确立目标。

（2）你怎样到那里？——导向目标。

（3）你是否到了那里？——评价目标。

换句话说，目标（任务）、策略（活动、方法、媒体）与评估相适配，这是课程开发和教学设计所必须遵循的基本准则。所谓程序，也就是从这里衍生出来的。

用图可将三者的关系表示如下（如下图 2 - 2 所示）：

图 2 - 2　反馈与调节

从上图我们可以看到，教学设计是围绕教学目标进行运作的一种策略思考和系统运筹，有的研究者用图很简洁地表明了教学设计的运作程序（如下

图 2 - 3 所示)[①]:

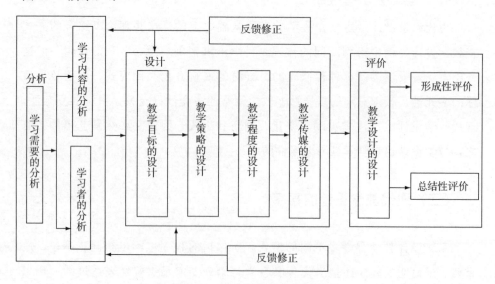

图 2 - 3 教学设计的运作程序

这是一个教学设计过程的模式图，它大体将教学设计分为三个阶段。

第一个阶段是教学设计的分析阶段。在这个阶段中，设计者要对学习背景、学习需求、学习任务、学习者进行分析和把握。

第二个阶段是教学设计的决策和生成阶段。这个阶段要求设计者对教学目标、教学策略、教学信息资源、教学传媒以及设计的方式方法做出选择和决定，并且创造性地设计出产品，同时考察其可行性。

第三个阶段是教学设计的评价阶段，即对整个设计方案进行评价与修订。

这三个阶段都贯穿着管理过程并形成一个闭合的反馈调节系统。

三、 课堂教学的聚焦

当代教学设计正在发生重点的转换，就是聚焦于学生的学习，"学习设

---

① 徐英俊. 教学设计 [M]. 北京：教育科学出版社，2001：63.

计"也因此而凸显。

学习问题一向是教学设计研究的热点。美国心理学家、教学设计专家加涅有一个响亮的口号"为学习设计教学",可谓影响深远。我国研究者在谈到"教学设计""教学系统设计""学习系统设计"等称谓时指出,"即便这些说法在很大程度上可以互相替换,但实际上它们之间仍有一些重要差异"。"学习系统设计"比"教学系统设计"更为注重以学习者为中心的设计活动。①

学习设计的理念是蕴含在"教学设计"理论假设中的一些重要观点。正像我国研究者所指出的:"建构主义特别强调学习者通过创造、规划以及其他形式的学习活动和任务来进行自主建构、自主探究、自主发现知识及其意义,学习设计正是基于建构主义理论而产生的。学习设计不仅重视学习的结果或成果,还关注学习过程。学习设计的本质就是在教学过程中注重学习者的经验世界及其主体性,强调学习者对知识意义的建构。""由于学习设计更多的是从学习者的角度来考虑和设计教学过程,但其本质上仍是一种教学设计。""在多种教学设计中,不同的教学设计适合不同的教师、教学内容、教学环境等。学习设计这种新的教学设计理念面向学习者的实际,关注学习者的学习,而且很注重学习者的发展。"②

(一)学习设计的含义

真正理解学习设计的含义,还得从"学习设计"所包含的一些基本要素说起。

1. 学习与学生的学习

关于"学习",有一个多数学者认同的定义:"学习是由经验引起的能力或倾向的相对持久的变化。"③ 这个定义有三个地方值得注意:一是"经验"。其意义与"后天的经历""与外界相互作用"等相联系。二是"能力或倾向"。这是指内在品质:能力涉及会不会、能不能的问题,倾向涉及愿不愿意的问

① 裴娣娜. 现代教学论(第三卷)[M]. 北京:人民教育出版社,2005:384.
② 吴军其,刘玉梅. 学习设计:一种新型的教学设计理论 [J]. 电化教育研究,2009(12):80-83.
③ 王小明. 学习心理学 [M]. 北京:中国轻工业出版社,2009:3.

题，它们都是学习的结果而非过程。三是"相对持久的变化"。它排除了"遗传"或疲劳、患病、酒醉等一时性的个体行为变化。

这个定义简明扼要，它不可能回答学习中需要认识和解决的一切问题，其中最关键的是，这种"相对持久的变化"是由什么原因引起的，其内在机制是什么，回答这些问题就导致了对学习的不同看法（学习观）。

学习观的演进①

美国心理学家梅耶回顾了20世纪学习观的演进过程，指出不同时期心理学家对学习有不同的看法。

1. 学习是反应的增强或削弱

这种观点认为，学习是一个机械的过程，针对某一情境的成功反应自动得到增强，而不成功的反应则受到削弱。换言之，学习就是某一刺激与某一反应之间联系的增强或削弱。在这种学习观中，学习者是反馈的被动接受者，完全受制于环境中的奖励和惩罚。这一观点盛行于20世纪上半叶，主要根据有关实验室动物学习的研究提出来的。

2. 学习是知识的获得

这种观点认为，当信息从一名知识较丰富的人（如教师）那里转移到知识较少的人（如学生）那里时，就发生了学习。学习就像是把信息注入学生的记忆中一样，这与我国教育界所讲的"灌输式教学""满堂灌"的教学很接近。这一观点盛行于20世纪六七十年代，当时的心理学家在研究学习时，已从研究实验室中的动物的学习转向了研究实验室情境中的人类的学习，而且研究时所持的基本假设是将人看作信息加工者。

3. 学习是知识的建构

这种观点认为，学习是学习者在试图使其经验有意义时而主动建构自己的心理表征，换言之，学习并不是通过记录信息而是通过解释信息来进行的。在这一观点中，学习者是积极主动的意义生成者。这一观点肇始于20世纪七

---

① 王小明. 学习心理学 [M]. 北京：中国轻工业出版社，2009：5.

八十年代，是随着心理学家开始研究现实情境中人类的学习而出现的。

梅耶认为，这三种学习观各有优点，但他更倾向于第三种观点，即学习是知识的建构，因为这一观点对改善教育有最大的作用。

从当代教学设计发展的趋势看，建构主义的学习观已经且持续产生巨大的影响。做学习设计更应当了解它的一些更具体的看法。

当代建构主义认为，学习的实质就是学习者经验系统的变化。也就是说，学习者经过学习，其经验系统得到了重组、转换或者改造，这一学习结果是由于学习者经历了主动建构的过程而获取的。这里有几个要点很值得我们注意：

• 学习是学习者凭借已有的经验，主动建构知识的意义，生成新的经验、新的解释、新的假设；

• 学习即是"对不断变化的实践的理解与参与"；

• 学习是镶嵌于情境之中、在一定情境之下进行的，人不能超越具体的情境来获得知识；

• 学习发生于"实践共同体"的活动，人学习到的东西实际上是与周围共同体相互作用的结果。

建构主义的学习观是对人的学习机制的一种假说，具有普遍的理论意义，但它并不专门指向"学生"这类成长中的人。那么，"学生的学习"又有什么特殊性呢？这很明显，学生的学习是在学校情境中、在有教师指导的教学条件下，进行的最经济有效的学习。这样"由经验引起"这一短评所指的"经验"就主要是学习者整个学习环境（包括与教师和同学的交往）相互作用产生的经验。看来，学生的学习无疑既是一种自主的建构意义的活动，又是一种有指导的"趋向目标"的活动。

2. 设计与教学设计

"设计"的"设"意为设想，即头脑中的构想；"计"是计划，即做出有序的安排；合起来就是"想出怎么一步步地做某件事"的意思。于是就有研究者将它阐释为"设计"就是指，"为了解决某个问题，在开发某个产品或实施某个方案之前，所进行的系统而缜密的计划与构思的过程"①。由此，我们可以推出"教学设计"就是对教与学事先所构想出的有计划的安排。按照通常的理解，教学是师生之间的相互作用（双边活动），谁也离不开谁，（杜威把它解释为"卖与买的关系"），那也就不难理解加涅的一个说法，教学设计是"一种系统设计、实施和评价学与教全部过程的方法"。

从教学设计的视角看，"教学"是怎么一回事呢？加涅、布里格斯等人认为："教学可以被看成一系列精心安排的外部事件，这些经过设计的外部事件是为了支持内部的学习过程。"也就是说，教育过程中这种有目的、有计划地安排学习经历，以使学习更加有效的过程，就被称为"教学"。教学设计，正是规划一个学与教相互配合的序列，安排好各种教学的"事件""情境"和"刺激"，以唤起、维持并推动学习者进行有效学习的这样一种教学实践活动。从这个意义上说，"学习设计"自然是教学设计的题中应有之义。

不过，教学设计专家仍会从不同角度来阐释教学设计的涵义，有的强调教学设计的系统化思想，有的强调教学设计的内容，有的强调过程与方法。何克抗教授在多种教学设计定义的基础上提出："教学设计主要是运用系统方法，将学习理论与教学理论的原理转换成对教学目标、教学内容、教学方法、教学策略、教学评价等环节进行具体计划、创设教与学的系统'过程'和'程序'，而创设教与学系统的根本目的是促进学习者的学习。"②

3. 学习设计的要义

尽管学习设计本质上仍是一种教学设计，但我们仍必须看到，提出"学习设计"是有深层原因的，它不仅着意于清除积习或匡正时弊，而且是在顺应潮流和锐意创新。事实上，在理论上许多学者提出的诸如"学教结合"的教学设计、"面向学习者"的教学设计、"学的课程"的教学设计等，都已开了学习设计之先河，而在实践上，我国勃兴的"学案""导学案"等的探索，已为学习设计提供了丰富的思想资料和新鲜经验。

归纳起来，学习设计的要义有以下三点：

---

① 裴新宁. 面向学习者的教学设计 [M]. 北京：教育科学出版社，2005：80.

② 何克抗，郑永柏，谢幼如. 教学系统设计 [M]. 北京：北京师范大学出版社，2002：3.

· 学习设计是"为学习"的设计

这源于加涅的口号"为学习而设计教学"。加涅在长期探索中得出几点基本结论：有不同的学习结果，也有不同的学习条件；对掌握不同的学习结果而言，必须有不同的内部条件和外部条件，教学的目的就是为了合理安排可靠的外部条件，以支持、激发、促进学习的内部活动，这就需要对教学进行整体设计，从教学分析、评价等方面做出一系列事先筹划等。教学本身是围绕学习展开的，教是为学服务的。因此应非常重视对学习者不同特征的分析，并以此作为教学设计的依据，充分挖掘学习者的内部潜能，调动他们学习的主动性和积极性，突出学习者在学习过程中的主体地位，促使学习者内部学习过程的发生并带来积极变化，注重学习者的个体差异，着重考虑的是对个体学习的指导。

· 学习设计是"对学习"的设计

学习有一系列的心智活动和行为表现，学习设计致力于分析、引发和组织这些具体的活动，使学生通过这些活动掌握知识技能，习得方法、态度、情感和价值观，达到个性全面发展的目的。"对学习"的设计包括了两个相互联系、相互配合的方面：就"教"的侧面说，是从学习需求分析入手，确定学习目标并对学什么、怎样学和判断学得怎么样等做出策划；就"学"的侧面说，是对学生学习的任务、要求、项目、顺序、方法和检测进行安排。

· 学习设计是"促学习"的设计[1]

教学设计理论中把学习看成学生心理结构（认知、动作、情意等）和业绩行为发生的持久变化，这一变化既体现为过程又反映在结果上。"学习过程"遵循着一系列复杂的身心内部加工，如产生警觉、知觉选择、复诵强化、编码组织、提取回忆、执行监控、建立期望等。"学习结果"则是身心状态的积极转变，例如认知完善、动作精致、交往和谐、态度转变等。教学就是促进学习者身心的一系列转换，从教学前的现有状态，到教学中一系列过渡状态，最后到达教学后的目标状态。教学就是精心创设环境，通过外部条件的作用方式，激发、促进、支持和推动学习内部过程和学习结果的达成。

---

① 盛群力. 教学设计 [M]. 北京：高等教育出版社，2005. 14.

所以，教学设计理论强调的是：教虽然不能代替学，但教必须围绕着学而展开，以学习者为焦点，为学习者服务，以教导学、以教促学。教学作为一种外部条件必须与学习的内部条件相匹配。

（二）学习设计的特征

教学设计有许多各具特点的"取向"或"模式"。比较而言，学习设计的主要特征表现在以下方面。

1. 学生为本

学习设计是一种"面向学习者"的教学设计。"面向学习者的教学设计，就是设计促进学习者学习与发展的学习环境，这种学习环境中包含了所有支持学习的资源和过程。"从根本上说，面向学习者的教学系统关注的是'学习中的人'——学习者（及其学习），学习是互动的过程。如果套用布鲁纳的话说，"这样一个教学系统'在乎的是人，学习（或其他事情也一样）乃是互动的历程，人在其中就是相互学习，而不是只靠展示和告知来习得任何事物'。"[1]

学生为本遵循的是：在价值观上，一切为了学生；在伦理观上，高度尊重学生；在行为观上，全面依靠学生。[2]

2. 学习中心

教学活动的轴心是学习；"教"始终围绕"学"运转；"教"的步子要迈入"学"的路子。教学设计的聚焦点从关注"教"走向关注"学"，充分体现"以学定教"的原则。

下面我们借美国教学设计专家巴纳锡的以学生学习经验为聚焦点（实质上就是以学生的学习与发展为中心）的研究，来具体了解关注"教"与关注"学"的差异。

① 裴新宁. 面向学习者的教学设计 [M]. 北京：教育科学出版社，2005：182-183.
② 郭思乐. 教育走向生本 [M]. 北京：人民教育出版社，2001：35-70.

表 2 - 1　关注"教"与关注"学"的教学比较①

关注"教"	关注"学"
所确立的课程目标用以指导教师的行为。	学习结果陈述的是学习者将能够做到和知道的内容。这种陈述用来指导学习者以及辅助学习者的人。
向班里的学生布置校内及校外要完成的作业。	学习者参与到指导他们自己的学习以及评价他们自己的进步的活动中。他们参与自己学习任务的选择。
学生时代的时光在学校度过，功课成绩及学校评语是决定是否进步和被晋升的基础。	对必备能力的掌握是开始新的工作或学习任务的唯一要求。
通过教学以单一模式呈现学科内容，教师给全班呈递信息，认为学生有责任完成布置的学习任务。	可以获得不同的学习条件和不同类型的学习安排，包括自主学习、有指导学习、合作学习、个别辅导、使用技术等。
一组学生坐在班里听课，并做出反应，教师是教学场景中的演员。	学习者直接且在学习阶段成为主要演员。教师管理学习资源。
班级成员无论在量上（同样多的时间）还是质上（同样的教学）都被提供同样的经验。	学习者被提供了多种学习经验来选择。不同的学生花在某一学习任务上的时间可能不同。
几十名学生坐在一起在教师的监控之下度过他们的绝大部分时间。	学习者在最适于完成特殊学习任务的场景中工作，如有时自学，有时在实验室学，有时在小组里，有时在大组里。
班级的进步由教师评价。	学习者的进步主要由自己和小组评价以及学习管理者（如教师或其他学生领导）的意见判定。学习者对他们自己的学习拥有更多的责任，评价主要用于激励。
教师奖励或警告学生。	首先由学习者产生激发自己学习的动机。
学生的成绩由预先排好进度的测验来测量。	学习者的成绩在他们获得了掌握学习任务所必需的所有相关能力之后测量。

（根据 Banathy，1993，1998 编译整理）

---

① 裴新宁. 面向学习者的教学设计 [M]. 北京：教育科学出版社，2005：169-170.

事例点击

一份以学习为中心的设计方案①

——角的平分线的性质（初中数学八年级上册）

【学习目标】

1. 能解释平分角的仪器的道理，能用尺规作图法作角的平分线。

2. 通过折叠、发现、证明等方法研究角的平分线的性质。

3. 能熟记和证明角的平分线的性质定理和判定定理。

4. 能通过作辅助线等方法创造条件，用性质定理证明线段相等，用判定定理证明角相等。

【学习重难点】

重点：角的平分线的性质定理和判定定理的应用。

难点：角的平分线的性质定理和判定定理的区别和灵活运用。

【自学设计】

一、探究角的平分线的作法

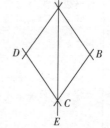

1. 如图所示，这是一个平分角的仪器，其中 $AB = AD$，$BC = DC$。将点 A 放在角的顶点，AB 和 AD 沿着角的两边放下，沿 AC 画一条射线 AE，AE 就是角的平分线。你能运用所学知识说明它的道理吗？

请你与同学合作，利用手中的材料（如铅笔、圆珠笔等）组装一个平分角的仪器（不要求固定四个顶点）。

2. 请你根据平分角的仪器揭示的道理，设计用尺规作一个角的平分线的具体方法，与同学讨论和交流。

已知：$\angle AOB$

求作：$\angle AOB$ 的平分线

【思考与交流】

平分角 $\angle AOB$，通过上面的步骤得到射线 OC 以后，把它反向延长得到

---

① 赵加琛，张成菊. 学案教学设计［M］. 北京：中国轻工业出版社，2009：117-123.

直线 CD。直线 CD 与直线 AB 是什么关系？

二、探究角的平分线的性质定理

请自剪一个纸角，按下列方式折叠、分析，然后与同学交流。

将 $\angle AOB$ 对折，按下图所示再折出一个直角三角形（使第一条折痕为斜边），将之展开后，观察两次折叠形成的三条折痕，你能得出什么结论？

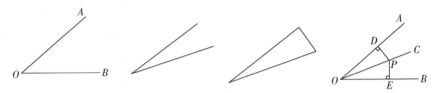

请根据你得出的结论，结合上述第 4 个图，写出已知项和由已知项推出的事项，并写出证明过程。

已知	
求证	
证明过程	

【思考与交流】

如图，OM 平分 $\angle POQ$，$MB \perp OQ$ 于 B，$MA \perp OP$ 于 A，AB 交 OM 于 N。

①图中相等的线段有哪些？相等的角呢？

②图中有哪些全等三角形？为什么？

③M 点与 OQ、OP 两边上任意一点的连线是否都能构成全等三角形？

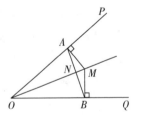

对此你有什么感想与收获，与同学讨论、交流。

三、探究角的平分线的判定定理

如图所示，OC 是 $\angle AOB$ 的平分线，请你思考：

在 $\angle AOB$ 的内部，除角平分线 OC 上的点外，是否还能找到"到角的两边距离相等的点"？在角平分线 OC 上，是否有"到角的两边距离不相等的点"？由此你能得出什么结论？请与同学讨论、交流。

根据你得出的结论，写出"已知""求证"和"证

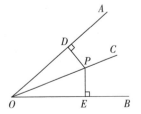

明过程"。

【思考与交流】

角的平分线的性质定理与判定定理有什么关系？各自的作用有何不同？

四、角的平分线的性质定理和判定定理的应用

例1. 已知：△ABC 的角平分线 BM，CN 相交于点 P。

求证：点 P 到三边 AB，BC，CA 的距离相等。

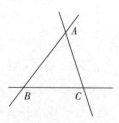

【变式题】

已知：PC，PB 分别是△ABC 的外角平分线且相交于 P。

求证：P 在∠A 的平分线上。

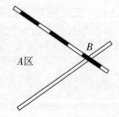

【思考与交流】

根据例题及其变式题，你认为三角形的角（包括内角、外角）平分线有什么关系？它具有什么性质？

【达标练习】

1. △ABC 中，∠C＝90°，AC＝BC，AD 是∠BAC 的平分线，DE⊥AB 于 E，若 AB＝10 cm，则△DBE 的周长等于（   ）。

A. 10 cm   B. 8 cm   C. 12 cm   D. 9 cm

2. 如右图所示，3 条公路相交成△ABC，现要建一座加油站，使该站到 3 条公路的距离都相等，这个加油站的选址有（   ）.

A. 1 种方案   B. 2 种方案

C. 3 种方案   D. 4 种方案

3. 在一次军事演习中，红方侦察员发现蓝方指挥部设在 A 区内，到公路、铁路的距离相等，且离公路与铁路的交叉处点 B 500m. 如果你是红方指挥员，请你在如右图作战图中标出蓝方指挥部的位置（用圆规、直尺作图，不写作法，保留作图痕迹。比例尺 1∶20000）。

4. 已知：在△ABC 中，∠C＝90°，AD 是∠BAC 的平分线，DE⊥AB 于 E，F 在 AC 上，BD＝DF。

求证：CF＝EB

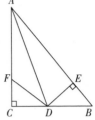

5. 已知：CF⊥AB 于 F，BE⊥AC 于 E，CF 与 BE 相交于 H，CH＝BH。

求证：AH 平分∠BAC

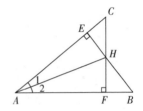

6～7 题为选做练习（供学有余力者选用，可以课下完成）。

6. 已知：如图，∠B＝∠C＝90°，M 是 BC 的中点，DM 平分∠ADC，∠CMD＝35°，那么∠MAB 是（　　　）。

A. 35°　　　　　　　　　　　B. 55°

C. 70°　　　　　　　　　　　D. 20°

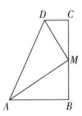

7. 已知：如图所示，AC 平分∠BAD，CE⊥AD，E 为垂足，又 AB＋AD＝2AE。

求证：(1) ∠B＋∠D＝180°；(2) BC＝CD

【课外阅读】略

【研究性作业】

请收集角的平分线的作法、性质定理、判定定理在日常生活中的应用，个人或小组写成一篇文章在全班交流。

附：使用说明

一、学法设计

本节是在学生掌握了三角形全等的基础上学习角平分线的性质，学生具有必要的知识基础和一定的研究能力。角的平分线的做法、性质和判定属于程序性知识的学习。

让学生从日常生活的实际出发，研究、发现有价值的知识，创造性地提炼知识规律，并能运用规律解决实际问题。

本学案内容分为 2 课时，建议把角的平分线的做法和性质定理作为 1 课时，其余为 1 课时。

二、使用方法

1. 角的平分线的作法

对于问题 1，教师可以让学生独立解决，部分学生可以用展板（或黑板）展示，然后小组讨论，教师点拨。

学生要能从中抽象出 $\triangle ADC$ 和 $\triangle ABC$，然后根据"SSS"证明 $\triangle ADC \cong \triangle ABC$，得出 $\angle DAC = \angle BAC$。教师展示平分角的仪器，让学生观察、思考。

教师要引导学生明确：角的平分线是射线而不是线段。

"组装平分角的仪器"可以帮助学生进一步理解平分角的仪器的道理，激发学习兴趣。学生完全可以就地取材，如用四根等长的圆珠笔芯或铅笔，或用两根等长的圆珠笔芯与两根等长的铅笔，或折叠粘贴长硬纸片，或把纸折叠成纸片再折叠粘贴，或把纸卷成长纸筒再折叠粘贴。

对于问题 2，学生可以根据用角的平分仪器给 $\angle DAB$ 作平分线的方法，想法在角的两边截取 $AB = AD$，然后再使 $BC = DC$，即可作射线 AE，截取相等线段，可以使用圆规。学生之间要交流、讨论，然后给 $\angle AOB$ 作平分线。教师要让学生演示作角的平分线的过程，并写出步骤。在作图时，学生会发现、提出与之相关的问题，教师要引导学生给出合理的解释，如果学生不能提出问题，教师要点明原因，教师也要点拨操作过程与书写的规范性。

对于"思考与交流"，学生自己探究，然后学习小组讨论、交流、明确 CD 与 AB 是垂直关系，以及如何通过直线上的一点作该直线的垂线的方法。学生在学习了锐角、平角的角的平分线的作法后，有可能提出直角、钝角的角的平分线的作法问题，教师要引导学生明确：锐角、直角、平角和钝角的角的平分线的作法是相同的。

2. 角的平分线的性质

学生折纸，分析，小组讨论，根据要求展示学习成果。学生展示、交流的重点有：①通过折纸探究、发现角的平分线的性质；②认识第 4 个图揭示的含义，明确已知的是什么，要证明的结论是什么；③能根据"AAS"证明 $\triangle PEO \cong \triangle PDO$，以证明 $PE = PD$，即角的平分线上的点到角的两边的距离相等。教师要适时质疑，点拨，纠正交流偏差。教师还要点拨写"已知""求证"的方法。

对于"思考与交流"，学生或小组要研究、讨论、交流，教师适时点拨释疑，逐步引导汇总，明确：在一个角的内部，由角平分线的性质定理产生的全等三角形及其条件，以及 OM 垂直平分 AB 等。这个问题有利于学生构建数学模型。

在整个探究、发现、讨论、展示的过程中，教师重点跟踪后进生，指导他们获得学习成功的体验，激发他们的学习兴趣。

学生下课前可以尝试做课后练习 1 和 2。教师要对个别学生进行指导和辅导，不要让他们掉队。

3. 角的平分线的判定定理

学生自学，然后讨论、交流。可以让学生或小组汇报学习成果，教师适时点拨、质疑、指导，深化学生对两个问题的理解，从而得出角的平分线的判定定理。学生易于用"HL"证明判定定理，教师指出一些规范性要求。

对于"思考与交流"，学生思考、讨论、明确：角的平分线的性质定理与判定定理互为逆命题；角的平分线的性质定理用于证明两条线段（自角的平分线上一点向两边作的垂线）相等，判定定理用于证明某线是角的平分线。教师要引导学生明确：学习角的平分线的性质定理和判定定理后，以前许多需要通过三角形全等才能证明的问题，就能简化到直接判断了（如线段相等和角相等）。

4. 角的平分线的性质定理和判定定理的应用

让学生尝试解答例 1，规范地写出步骤，解答变式题，并思考问题。教师可以让几个学生同时在黑板展示。因为例 1 与变式题的解题思路相同，也可采取分组解答再交流的方法。

对学生来说，例 1 并不太难，可由点 P 分别向 AB、CA、BC 作垂线去证明。变式题与例 1 思路相同。

对于"思考与交流"，学生通过思考、讨论，可以得出结论：三角形 3 个内角的角的平分线相交于一点，该点到三角形三条边的距离相等；三角形 1

个内角与另 2 个外角的角平分线也相交于一点，该点到三角形三条边的距离也相等。教师要对个别学生进行指导。

5. 让学生做达标练习（练习 6、7 可课下完成），然后交流、讨论。

练习 3 是角的平分线的尺规作图和判定定理的应用。练习 1、4 训练了性质定理。练习 2、5 训练了判定定理。练习 2 也可直接运用"例 1 及其变式题"的结论。教师自己或让优秀学生重点点拨相关疑点，并指导、辅导个别学生。

6. 学生可课下阅读课外资料，完成研究性作业，并在教室内张贴。

①本学案部分采用了教材中的学习思路和例题，比较符合教学实际和学生实际。

②本学案引导学生理解平分角的仪器的道理，发现给角作平分线的方法，并让学生组装平分角的仪器，激发他们的学习兴趣，引导学生通过折纸、发现的方法来研究角的平分线的性质定理，并以探究、讨论的方式研究角的平分线的判定定理，便于学生理解和灵活运用。

③本学案设计了引导学生学习的针对性较强的问题，这些问题的启发性较好，能激发学生提出一些学习问题，达到了既让学生解决问题，又让学生提出问题的目的。

④例题及其变式题较为典型，易于引导学生得出解题规律，并在练习中加以运用。针对角的平分线的作法、性质定理和判定定理设计达标练习，能有效地评价教学目标。

3. 导学结合

学生是在学校情境中、在教师的指导下学习的，必须把发挥学生的主体作用和教师的主导作用结合起来，使二者相辅相成、浑然一体——教师的主导作用是通过学生的主体性来实现的，学生的主体作用则是需要在教师的主导下充分发挥的。从学习设计的实际看，导学结合的重点主要是：通过学习目标的认同，引导学生的学习方向并激发其活力；通过学习内容的重构，为学生掌握知识搭建支架并引向深入；通过学习活动的组织，为学生智能发展提供机会并实现迁移；通过学习方式的指导，让学生增强自觉性并习得学法；通过作业和评定的配置，提高学生的学习水平并促进反馈调节。总之，没有学生的主体作用，学习就"魂不附体"，没有教师的主导作用，学习就"有气无力"；只有二者结合，学习才能"生机勃勃"。

何克抗教授谈三种不同取向的教学设计①

一、"以教为主"的教学设计

在建构主义开始流行之前（即20世纪90年代之前），各级各类学校的课堂教学中普遍采用传统的"以教为主"的教学设计理论。这种教学设计主要关注老师的"教"，而忽视学生自主的"学"。它通常包括下面几个环节：

①教学目标分析——通过教学目标分析，确定与该目标相关的教学内容及知识点顺序；

②学习者特征分析——通过学习者特征分析，确定教学起点，以便因材施教；

③在教学目标分析和学习者特征分析的基础上，确定教学方法、策略；

④在教学目标分析和学习者特征分析的基础上，选择教学媒体；

⑤进行施教，并在施教过程中开展形成性评价（在教学过程中的形成性评价可以有多种方式：提问、测验、考试、察言观色……）；

⑥根据形成性评价所得到的反馈对教学内容与教学方法、策略加以适当调整。

二、"以学为主"的教学设计

建构主义的教学设计理论也称"以学为主"的教学设计理论。其目的是促进学生的自主学习、自主探究与自主发现。它主要包括下列环节：

①情境创设——创设有利于学生自主建构知识意义的情境；

②信息资源提供——提供与当前学习主题相关的信息资源（即教学资源），以促进学生的自主建构；

③自主学习策略设计——自主学习策略是引导学生自觉、主动地学习，并自主建构知识意义的内在因素，其作用是为了充分调动学生学习的主动性、积极性以便更好地达到自主建构的目标；

④组织合作学习——通过相互之间的合作交流、思想碰撞、取长补短，以深化学生对知识意义的建构；

① 何克抗. 21世纪以来教育技术理论与实践的新发展 [J]. 现代教育技术，2009（10）：11-20.

⑤组织与指导自主探究、自主发现——在初步达到意义建构目标的基础上（即对当前所学知识已有一定理解、掌握的基础上），再通过解决实际问题的发现式学习或探究性学习进一步培养学生的创新精神与实践能力；

⑥学习效果评价——包括学习者本人的自我评价和小组对学习者个人的评价；评价内容围绕三个方面：自主学习能力、对合作学习做出的贡献以及达到意义建构目标的深度。

上述"以教为主"和"以学为主"的两种教学设计理论均有其各自的优势与不足。前者主要关注教师的教，便于发挥教师的主导作用，便于教师监控整个教学活动进程，因而有利于教师对前人知识经验的授受与传承，有利于学生对学科基础知识的系统学习与掌握，但是这种理论忽视学生的自主学习，不注意调动学生的主动性、积极性与创造性，容易造成学生对教师、对权威和对书本的迷信，所以不利于学生创新意识、创新思维与创新能力的培养。

后者则相反——主要关注学生的学，重视学生的自主学习与自主探究，注意充分调动学生的主动性、积极性与创造性，因而有利于学生创新意识、创新思维与创新能力的培养。但是这种理论忽视教师的教，不太考虑教师主导作用的发挥，因此不利于学生对学科基础知识的系统学习与掌握。

三、"学教并重"的教学设计

为达到理想的教学效果，最好能将上述两种教学设计理论有机结合起来，互相取长补短，形成优势互补的"学教并重"或"学导结合"教学设计，这种新型教学设计在过程和方法上兼取"以教为主"和"以学为主"两种教学设计之所长，是原有教学设计理论的拓展，因而包括下列教学环节：

①教学目标分析——通过教学目标分析，确定与该目标相关的教学内容及知识点顺序；

②学习者特征分析——通过学习者特征分析，确定教学起点，以便因材施教；

③教与学策略的选择与设计（既包括传统教学策略的选择与设计，也包括建构主义的自主学习、合作学习与自主探究等策略的选择与设计）；

④学习情境创设；

⑤教学媒体和教学资源的选择与设计；

⑥在教学过程中做形成性评价，并根据形成性评价所得到的反馈对教学内容与策略进行适当的调整。

在这种拓展后的教学设计中，环节①至⑥大体上沿用"以教为主"教学设计的模式，但其中的环节③已涵盖建构主义的自主学习、合作学习与自主探究等策略的设计；在环节④和环节⑤中则包括了情境创设和信息资源提供的要求，因而能够较好地体现优势互补的"学教并重"思想。

事例点击

"腹有诗书气自华"的"导学"设计①

设计者　李　玲

班级：_____　姓名：_____　　　日期：4月17日　　编号：003

设计人：安徽铜都双语学校李玲

腹有诗书气自华

【自研课】

晨读课：（30分钟）

目标：1. 自由朗读《雨霖铃》，准确把握语气、语调、情感；2. 熟读基础上，背诵《雨霖铃》。（20分钟）

检效：（检效本）组内互背，竞选出优秀者参加全班诵读比赛。（10分钟）

预习课：（晚自习20分钟）

自读自悟：读《雨霖铃》完成如下任务：

资料准备：作者生平及创作风格，本词的写作背景。

自主积累：古代描写离别之情的诗词，在摘抄本抄写其中的名句。

自我感悟：结合注释，读懂词句含义，了解整首词的内容。

【展示课】（时段：60分钟）

学习目标（1分钟）：通过自读、自品、自悟，交流展示，能准确把握诗歌内容，深刻体会诗歌情感，赏析品鉴诗歌艺术特色。

定向导学·互动展示·当堂反馈

---

① 姚文俊，金耀林. 中学导学案点评［M］. 济南：山东文艺出版社，2011：311-313.

表 2 - 2

课堂元素 导学流程	自研自探环节 自学指导 内容、学法、时间	合作探究环节 互动策略 内容、形式、时间	展示提升环节· 质疑评价环节 展示方案 内容、形式、时间	总结归纳环节 随堂笔记 成果记录、 知识生成、 规律总结
一咏三叹诵读寻情	入情诵读（不少于三遍），做到： 认准字形，读准字音；正确断句，读出节奏；把握基调，读出韵律。整体感知：词中描写了哪些离别情景？词的上片和下片所描写的景色有什么不同？整首词具有怎样的意境？ 预时：4 分钟	A. 小组长检查组员的预习成果，并用红笔给出评价和建议。 B. 组长要组织协调本组成员有序地交流自研成果，要善于捕捉小组成员在自学过程中的精妙之处，积蓄展示的素材。 （第一次互动）	展示单元一： 诵读，让我们口齿留香。 建议： 1. 有诵读指导语的设计（语速、语调、节奏）； 2. 有组内成员入情入境的诵读展示； 3. 有多种发动形式，营造班级竞读氛围。	*整体感知： —————— —————— —————— ——————
浅斟低吟品析写情	品析鉴赏：潜心会文，自选角度（章法结构，名句品析，分析意象，领悟意境，鉴赏写法……）自由赏析。 预时：5 分钟	C. 小组内确定展示目标，小组长组织本组成员互动，形成完善的成果。 D. 展示前的准备： 方案制订—— 分工落实—— 板书呈现—— 模拟展示。 （第二次互动） 第一次互动 预时：5 分钟 第二次互动 预时：6 分钟	展示单元二： 品读，让我们神思飞扬。 建议： 1. 遴选本组最佳品析成果展示于黑板； 2. 能结合自己的古诗积累进行比较阅读； 3. 鼓励个性化的解读和独到的见解。 展示单元三： 创读，让我们秀场生辉。 建议： 1. 遴选本组最佳创读的文字成果展示于黑板； 2. 能以最佳组合、最佳姿态、最优表现展示本组风采！ 预时：30 分钟	*我的赏析： —————— —————— —————— —————— *我的创造： —————— —————— —————— ——————
驰骋想象创读拓展	创读拓展（以下项目供选择）： 1. 诗意仿写：从词作核心意象中任选一二，尝试创作一首小诗； 2. 为词配画：根据词作意境，为课文配上一幅插图，并说明你的构思。 3. 配乐演唱：选择与词作风格相近的曲调，用歌唱演绎词作； 4. 创作脚本：为 MV 导演提供摄制脚本（背景音乐、场景、时令、地点、人物情节）。预时：6 分钟			
当堂反馈	齐声诵读《雨霖铃》，两次体验词的情感和韵味。 预时：3 分钟			

【训练课导学】

"日清过关"巩固提升三级达标训练题

书写等级＿＿＿＿＿＿＿ 达成等级＿＿＿＿＿＿＿

批阅日期＿＿＿＿＿＿＿

• 基础题

一、古诗词填空

1. 问君能有几多愁？＿＿＿＿＿＿＿＿＿＿＿。（李煜《虞美人》）

2. 此情可待成追忆，＿＿＿＿＿＿＿＿＿＿＿。（李商隐《锦瑟》）

3. 十年生死两茫茫，＿＿＿＿＿＿＿＿＿＿，＿＿＿＿＿＿＿＿＿＿。（苏轼《江城子·乙卯正月二十日夜记梦》）

4. 众里寻他千百度，蓦然回首，＿＿＿＿＿＿＿＿＿＿。（辛弃疾《青云案·元夕》）

5. ＿＿＿＿＿＿＿＿＿＿，又岂在朝朝暮暮。（秦观《鹊桥仙》）

6. ＿＿＿＿＿＿＿＿＿＿，为伊消得人憔悴。（柳永《蝶恋花·伫倚危楼风细细》）

• 发展题

二、根据对《雨霖铃》的理解，简答下列各题：

1. 词的开头三句："寒蝉凄切，对长亭晚，骤雨初歇。"交代了哪些内容？有何作用？

2. 赏析名句："今宵酒醒何处？杨柳岸，晓风残月。"

• 提高题

三、高考链接：阅读下面一首唐诗，然后回答问题。（2005 高考全国卷一）

春行即兴

李 华

宜阳城下草萋萋，涧水东流复向西。

芳树无人花自落，春山一路鸟空啼。

1. 这首诗的三、四两句运用了哪种修辞方法？请具体说明。

2. 古人在谈到诗歌创作时曾说："作诗不过情、景二端。"请从"景"和"情"的角度赏析这首诗。

【培辅期望】（附培辅单）

疑惑告知：_____

效果描述：_____

【自主反思】（日反思）

知识盘点：_____

心得描述：_____

（三）学习设计的运筹

学习设计的运筹是一种"系统运筹"，这个系统既是面向学习者的教学系统，又是一个学生自身的学习系统，其运行结构如图2-4所示。[①]

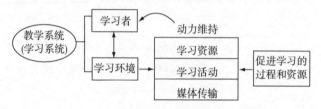

图2-4　面向学习者的教学系统构成要素

这一系统包含学习者、动力、资源、活动和媒体五个基本要素，它们分别构成了相互作用、相互促进的两个部分：学习者系统和学习环境系统。这个系统中的"学习者"部分，学习者自身准备是无法设计的，只能对它进行分析。也就是说，"学习者"只能通过与外部环境的互动获得给养，进行自组织式的提高（自主发展）。这样，所谓对教学系统的设计，实质上就是对学习环境的设计，亦即对支持学习者主自学习的资源和过程的设计。

我们知道，学习环境的设计是以学为主的教学设计的核心，几乎成了学习设计的代名词。按照建构主义的理论，"学习环境"不只是指场所，它是一种"任务情境"——呈现给学习者的问题解决情境；是学习活动开展过程中赖以持续的情况和条件；是学习资料和人际关系的一种动态组合。可以说，它包含了支持学习活动的物质环境、人际环境、心理环境等。

---

① 裴新宁. 面向学习者的教学设计［M］. 北京：教育科学出版社，2005：117.

那么，促进学生有效学习的环境应当是什么样的环境呢？钟启泉教授把它称之为使学生能够成为学习活动之主体的"应答性学习环境"（也有人称之为"相互呼应的社会环境"）。同时，钟启泉教授将它看成一种尊重学生个性、由学生主动参与的"参与型"教学环境、"对话型"教学环境。学生直面这种环境，就会直接地作用于它，解决自己学习的课题。

首先，这里所谓的"参与"与"对话"，意味着学生在整个教育教学过程中，拥有自己的动机、自己的行动、自己的角色作用，平等对话及自我评价。其次，在学生参与的、平等对话的教学模式中，教师的作用与其说是"主导"，不如说是"组织"这种应答性学习环境。组织学习环境是必要条件而非绝对条件。当学生运用教师所组织的学习环境解决课题时，还需要教师提供"帮助"。再次，仅仅限于"课堂"与"教师"，还不是学习环境的全部。课堂教学不再局限于传统的教科书、黑板、粉笔之类的工具，而有了媒体系统乃至因特网的支撑。这样，就为学生的"参与"与"对话"展示了无限广阔的世界。[①]

总之，现代建构主义主张，尽量把学习情境并入真实的生活情境，让学习与生活接壤；尽量用先进的技术设备模拟问题情境，使学生在情境中感知，加强语义知识与形象知识的连接；尽量创造和谐、民主的人际环境，加强师生之间的交流，促进师生、生生之间的互动。实际上，完善的学习情境包括真实的任务情境，先进的物质设备环境，经过精心组织的信息（教材与其他课程资源）环境，教师创造的积极的心理环境，等等。

"分数的基本性质"的教学实践与反思[②]

【教学内容】九年义务教育六年制小学数学课本（人教版）第十册第107～108 页。

---

① 钟启泉. 知识社会与学校文化的重塑 [J]. 教育发展研究，2001（1）：6-10.
② 孙文波. 新课程课堂教学设计研究 [M]. 杭州：浙江大学出版社，2006：145-148.

【教学目标】

1. 知识目标。理解分数的基本性质。

2. 能力目标。培养学生观察、比较、抽象、概括等初步的逻辑思维能力。

3. 情感目标。经历"分数的基本性质"这一知识形成的过程，感受自主探究带来的成功喜悦。

【教学重点】理解分数基本性质的含义，掌握分数基本性质的推导过程。（数学教学不仅要让学生掌握知识的结果，还要让学生掌握知识的形成过程。因此确立"分数的基本性质的推导过程"为本课重点，并使学生在自主推导的基础上确实掌握分数的基本性质和内涵。）

【教学难点】理解分数基本性质"零除外"的道理，归纳分数的基本性质。（分数的基本性质中，学生往往容易忽略"零除外"这个特殊的条件，而且也不容易理解。分数的基本性质推导出来后，对于文字的精确表述往往有一定的困难，需不断商讨、完善。）

【教具学具准备】多媒体及课件。

【教学过程】

一、故事引入

师：老师这儿有一个故事，想听吗？（故事略）

1. 同学们，哪个和尚分得的饼最多？（中心问题）

【设计意图】利用多媒体课件，创设有趣的情境，提出中心问题，明确任务目标，激发学生探究的兴趣，使学生积极主动地投入新课的学习之中。

师：先不要急着下结论，我想先请一位同学将三个和尚所分得的饼用分数表示出来。

$$\left(\text{板书：} \frac{1}{4} \qquad \frac{2}{8} \qquad \frac{4}{16} \right)$$

现在猜猜看这三个分数哪个大？

师：也许你们的猜想是对的，科学家的发现往往也是从猜想开始的，但只有经过验证得出的结论才是科学的。这节课就让我们来做个小数学家，一起来验证这三个分数是不是相等。

师：请同学们充分利用桌面信封中的学具，小组合作，共同验证这三个分数的大小关系。

2. 验证猜想

师：实验做完了吗？结果怎样？哪个小组先来汇报验证的情况？

生1：我用三张纸条分别表示三张饼……

生2：我用三张圆片……

生3：我用16根小棒平均分成……

师：同学们，刚才这几位同学代表小组展示了他们的验证情况，有没有什么补充的？你们觉得他们的方法好吗？让我们为刚才这几位同学大胆的汇报掌声表示鼓励。

过渡语：通过刚才的操作可以肯定我们的猜想，对吗？现在证明这三个分数的大小怎样呀？（相等）我们可以用一个什么数学符号来表示？这三个分数大小相等说明三个和尚所分得的饼大小怎样？（一样大）可第三个胖和尚想不明白，自己明明分得了4块，而且分子和分母也不一样，怎么大小却和他们一样呢？同学们，这其中有什么奥妙吗？这组分数中隐藏着什么规律吗？请同学们先独立观察，然后再与小组成员交流你的发现。

二、探索规律

1. 探索发现

师：哪位同学先来展示你的发现？

生：我发现从左往右，$\frac{1}{4}$ 乘以 2 得 $\frac{2}{8}$……

师：谁再来说说？

生：我发现 $\frac{2}{8}$ 乘以 2 得 $\frac{4}{16}$。

师：谁能用一句话来概括刚才的发现？谁还有没有其他发现？谁能将这两句话概括成一句话？

（板书：分数的分子和分母同时乘以或除以相同的数，分数的大小不变，这就是分数的基本性质。）

师：谁能举一个具体的例子来验证这句话呢？（通过举例掌握零除外的知识难点。）

【设计意图】对分数的基本性质的概括需要一个过程，引导学生采用不同的方法猜想、验证，不断商讨、完善是必须经历的一个过程。只有保证了这样的过程，知识的习得对学生来说才更有意义。

2. 质疑延伸

师：为了让同学们对这个性质有更深入的理解，我想在这儿多花几分钟，请同学们联系以前所学的商不变的规律，对分数的基本性质大胆地提出一些自己的看法、见解或者疑问，先在小组内交流然后再来汇报。

学生可能会提：

（1）相同的数为什么要"0"除外，能不能是小数呢？

（2）为什么要加"相同"？

（3）为什么要"同时"？

（4）大小不变也是关键词吗？

（5）分数的基本性质与商不变的性质有什么联系和区别吗？

（6）既然有商不变的性质，为什么还要学分数的基本性质？为什么商不变的规律用扩大或缩小，分数的基本性质却要用乘以或除以呢？

（7）乘以或除以要是换成加减会怎样呢？

【设计意图】围绕中心问题，引导学生提出一系列有意义的序列问题，这是对知识深度研究成功构建的必然过程。

三、回顾小结

师：让我们一起来回顾整理刚才所学的知识。刚才我们通过验证猜想、小组合作、举例说明等方法学习了分数的基本性质，并对性质中的一些细节也做了深入的探究，同学们简直就像是个了不起的数学家。现在让我们回到开头故事，老和尚是用什么方法巧妙地解决了分饼的难题的？现在第三个和尚应该知道自己为什么分得4块却占不到便宜的原因了吧。

【设计意图】随着故事情节的推进，中心问题引出了序列问题，并转换成了系列任务，让学生在动手实践、自主探索和合作交流的过程中逐步理解和掌握分数的基本性质，同时更有效地培养他们比较、分析、综合、概括以及自主探究的能力，并养成善于合作的良好品质和善于提问与解决问题的能力。

四、练习拓展

过渡语：看来姜还是老的辣。老和尚懂得运用分数的基本性质来解决问题，那么我们能不能也运用今天所学的知识来解决其他问题呢？（能）

［例题2、例题3、巩固4、综合题（送信）5、游戏］

【设计意图】练习设计体现了趣味性、生动性、发展性、开放性，既巩固了新知，又发展了思维，让学生感受到分数的基本性质不是孤立的一块知识，它有着非常重要的用途，且让学生初步感知分数的基本性质。因为可以在分数大小不变的前提下改变分子分母，因此在实现同分母同分子的需要中有着重要作用。

五、课堂小结

师：这节课我们通过操作、观察等一系列实践活动，概括出分数的基本性质。请同学们谈谈你有哪些收获？还有什么问题？

【设计意图】让学生自己总结本课所学的内容，谈体会，说收获，再思考疑难问题，其实是培养学生不断发现问题并解决问题的学习习惯。

四、　教学模式的创新

我国生机勃勃的教学实践创造了许多适应不同教学内容、实现不同教学目标的教学活动模式。这些教学模式的创新极大地丰富了教学设计的思路，充实了教学设计的内涵。一堂好课的教学设计，应当根据教学目的和任务，选择最适当的教学模式。

（一）各种教学模式异彩纷呈

在科学研究中，人们常常将模式看成对某一过程或某一系统的简化与微缩式表征，以帮助人们能形象地把握某些难以直接观察或过于抽象的事物。

一些研究者提出，如果我们把教学看成构造环境，对需要、兴趣、能力各不相同的学生的经验进行有效组织的过程，那么，教学模式则为组织教学环境提供一定的结构、程序和步骤。也就是说，所谓教学模式，就是"导向特定结果的一步步程序"。

安德鲁斯和古德森曾指出：一种教学模式就是一组综合性成分，这些成分能用来规定完成有效的教学任务中的各种活动和功能的序列。因此，利用某一种模式，人们可以将教学活动或过程化解为某些关键要素或成分，并借助其简化的、微缩的方式研究与探讨有关的现象。从这个意义来说，教学模式是一种旨在完成特定教学任务的、相对稳定的、一步步地展开的教学事件组合，它将创设教学情境，组织教与学的活动，运用各种教学方法和媒体，都安排在一个顺次推进的操作框架之内。所以，静态地看，教学模式是一种多因素组成的结构；动态地看，教学模式是一系列链接起来的活动。不妨说，在教学模式中最突出的特征，是操作层面上的情境、程序与方法的集合。

关于教学模式，国内外的研究可以说见仁见智。国外如巴特勒、加涅、梅里尔等对合作学习与个别化教学模式的研究，国内如甄德山、阎承利等的研究，都提供了相当有价值的成果。20 世纪 70 年代以来，以乔伊斯和威尔为代表的学者研究了 70 个以上的理论、学派、研究计划，抽出了 15 个模式进行分类总结，国内学者如钟启泉、丁证霖、高文等也对此做过评价、梳理和开发。由于研究的视角不同，对教学模式的分类和关注点也有相当大的差异。从操作的角度来说，下面两类概括比较有代表性。

1. 有人参照我国学者甄德山先生于 20 世纪 70 年代提出的教学模式类型图，结合当代现实，提出下列教学程序选择模式[①]：

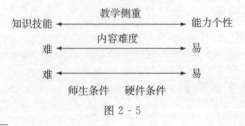

图 2 - 5

---

① 刘如平. 更新教学理念　立足整体设计：谈中小学课堂教学落实素质教育 [J]. 课程·教材·教法，2001（5）：37-40.

2. 有学者把《当代西方教学模式》一书中的外国教学模式以及国内常见的此类书中列举的一些教学模式归并为六类，绘表如下[①]：

表 2 - 3　基本教学模式及其变化或变式

基本教学式（族）　变式（个）	接受性教学	发现性教学	交教学	练教学	情感性教学	自学辅导教学
1	先行组织者模式	概念获得模式	课堂会议模式	社会模拟模式	松弛模式	教学自学辅导模式
2	青浦模式	归纳思维模式	群体调研模式	训练模式	脱敏模式	茶馆式模式
3	目标教学模式	探究训练模式	角色扮演模式	虚拟教学模式	情境教学模式	程序教学模式
4		案例解决模式	直率性训练模式		非指导性教学模式	魏书生模式
5		问题解决模式	意识训练模式			

（二）"双基"教学模式

重视基础知识的教学和基本技能的训练是我国教学的优势。教学要为学生打好全面发展和终生发展的基础，就不能不强化"双基"。"双基"教学起源于 20 世纪 50 年代，在 60 年代至 70 年代得到大力发展，70 年代之后不断丰富完善。这是一种以教学大纲为导向，传授系统知识和加强基本技能训练的教学实践类型，是各种教学中最常用、最具有基础地位的教学模式。"双基"教学模式有一些外显的特征，主要表现在以下方面[②]：

1. 稳定的课堂教学结构

"双基"教学在课堂教学形式上有着较为固定的结构，课堂进程基本为知识、技能讲授—知识、技能的应用示例—练习和训练。序状，即在教学进程

---

① 毕田增. 教学模式选择范型试析 [J]. 教学理论与实践，1999（4）：52-56.

② 邵光华，顾泠沅. 中国双基教学的理论研究 [J]. 教育理论与实践，2006（3）：49-53.

中先让学生明白知识技能是什么，再了解怎样应用这个知识技能，最后通过亲自实践练习掌握这个知识技能及其应用。典型教学过程包括五个基本环节：复习旧知—导入新课—讲解分析—样例练习—小结作业，每个环节都有自己的目的和基本要求。复习旧知的主要目的是为学生理解新知、逾越分析和证明新知障碍做知识铺垫，避免学生思维走弯路。在导入新课环节，教师往往是通过适当的铺垫或创设适当的教学情境引出新知，通过启发式的讲解分析，引导学生尽快理解新知内容，让学生从心理上认可、接受新知的合理性，即及时帮助学生弄清是什么，弄懂为什么，进而以例题形式讲解，说明其应用，让学生了解新知的应用，明白如何用新知，然后让学生自己练习，尝试解决问题，通过练习进一步巩固新知，增进理解，熟悉新知及其应用技能，初步形成运用新知分析问题、解决问题的能力，最后小结一堂课的核心内容，布置作业，通过课外作业，进一步熟练技能，形成能力。所以，"双基"教学有较为固定的形式和进程，教学的每个环节安排紧凑，教师在其中既起着非常重要的主导作用、示范作用或管理作用，又起着为学生的思维架桥铺路的作用，由此也产生了颇具中国特色的教学铺垫理论。

2. 有效的课堂教学控制

"双基"教学对于每堂课应当掌握什么知识和技能，其目标和任务都是具体明确的，教师为实现这些目标有效组织教学和控制课堂进程。正是有明确的任务和目标以及必须实现这些任务和目标的驱动，教师责无旁贷地成为课堂上的主导者和管理者，导演着课堂中几乎所有的活动，使得各种活动都呈有序状态，课堂时间得到有效利用。课堂活动组织得严谨，周密，有节奏，有强度。整堂课的进程有高度的计划性，什么时候讲，什么时候练，什么时候演示，什么时候板书，板书写在什么位置，都安排得非常妥当，能有效地利用课上的每一分钟，整堂课进行得井井有条，教师随时机智地进行教学组织工作，课堂秩序一般表现良好。"双基"教学注重教师的有效讲授和学生的及时训练、多重练习。教师讲课要求语言清楚、通俗和生动，富于感情，表述严谨，言简意赅。在整堂课的讲授过程中，教师充分发挥主导作用，不断提问和启发，学生的思维被激发调动，始终处于积极的活动状态。在训练方面，以解题思想方法为首要训练目标，一题多解、一法多用、变式练习是经常使用的训练形式，从而形成了中国教学的"变式"理论，包括概念性变式和过程性变式。[①]

通过一些比较研究可以看到，"双基"教学模式下，我国教师能够多角度理解知识。如中国学者马力平的中美教学教育比较研究表明：在学科知识的深刻理解上，中国教师有明显的优势。

（1）务实的课程价值追求

"双基"教学重视基础知识、基本技能的传授，讲究精讲多练，主张"练中学"，相信"熟能生巧"，追求基础知识的记忆和掌握、基本技能的操演和熟练，以使学生获得扎实的基础知识、熟练的基本技能和较高的学科能力为其主要的教学目标。对基础知识讲解得细致，对基本技能训练得入微，使学生一开始就能够对所学的知识和技能获得一个从"是什么、为什么、有何用到如何用"的较为系统的、全面的和深刻的认识。在注重基础知识和基本技能教学的同时，"双基"教学从不放松或抵制对基本能力的培养和个人品质的塑造。

"双基"教学注重课程内容的基础性和逻辑严谨性。在课程教材的编制上，体现为重视教学内容结构以及逻辑系统的关系，要求教材体系符合学科的系统性（当然也要符合学生的心理发展特点），依据学科内容结构规律安排，做到先行知识的学习与后继知识的学习互相促进。"双基"教学的课程非常注意感性认识与理性认识的关系，教学内容安排要求由实际事例开始，由浅入深，由易到难，由表及里，循序渐进。

除了以上的外显特征，"双基"教学还具有启发性、问题驱动性、示范性、层次性、巩固性等内隐的特征。

必须指出的是，"双基"教学并不是一个封闭的体系，其发展过程中会不断地吸收先进的教育教学思想来丰富和完善自身的理论；双基的内涵也是开放的，内容随时代的变化而变化。

---

①　顾泠沅. 教学改革的行动与诠释［M］. 北京：人民教育出版社，2003：374-398.

事例点击

特级教师丁有宽教《第一次跳伞》

第一步，在教学目标指导下，给出预习提纲如下：

1. 初读课文后，（1）查字典，自学"蔚、飓、凌"。（2）思考几个问题：课文写的是谁？写什么事？写什么时间的事？地点在哪里？

2. 再阅读课文，着重思考下列问题：（1）课文题目中为什么要写出"第一次"？（2）课文按怎样的顺序把第一次跳伞的经过叙述出来？分几段？各段写什么？（3）哪一段是课文重点段？作者怎样分四步具体地写从跳伞到着陆的过程？

第二步，教师在课堂上检查学生预习情况并给予反馈和纠正。检查的范围涉及所有预习题。教师通过预习检查确认学生了解了课文内容、作者的写作思路和文章的分段等。

第三步，指导学生精读课文第三段。指导学生再读课文第三段，思考下面问题并读一读有关课文，理解它的意思。（教师在这里一共提出了六个问题，这些问题围绕"学习作者仔细观察，按事情经过顺序写，把重点部分写具体"这一高级规则。）通过"读读议议"的方式，学生尝试对这些问题做出回答。

第四步，在师生讨论的基础上得出结论，包括：（1）归纳课文结构的板书。（2）学习作者细心观察，按事情经过顺序写具体的方法。

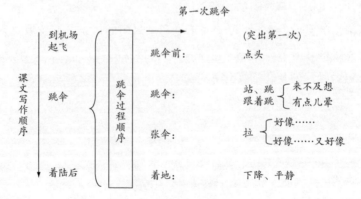

第一次跳伞

为了促进学生读写能力的发展，丁有宽的教学设计并没有完结，他巧妙地把读写结合起来。在教《第一次跳伞》前，教师组织学生开展"学雷锋，从我做起"的主题活动。学生尝试进行了烧饭、洗衣和挑水等活动，有了"第一次"做某事的亲身体验。学完《第一次跳伞》后，学生根据课堂上学到的高级规则进行了作文练习。在此基础上，教师再安排一节写作指导课，在这节课上，教师分析了三篇习作例文：一篇写得较差，两篇写得较好。根据教师讲评，学生对自己的习作进行了修改或重写。

（三）"问题解决"的教学模式

钟启泉教授认为："一部教学发展史，说到底无非是'系统学习'与'问题解决学习'的此消彼长的历史。其实，这两种学习各有其价值，对于接受基础教育的学生来说，都是必不可少的。"[①] 近些年来，由于建构主义的学习与教学理论的推广，问题式学习成为受到广泛重视的一种教学模式，它强调把学习设置到复杂的、有意义的问题情境中，通过让学习者合作解决真正的问题，来学习隐含于问题背后的科学知识，形成解决问题的策略，并发展自主学习的能力。那么，什么是"问题解决"教学？简单地说，问题解决的教学模式，是由教师精心设计问题学习单元，要求学生充当复杂问题的解决者。学生通过调查和解决问题的过程，提高对某些主题、概念和知识的理解，养成理解问题、分析问题和解决问题的能力和技能，从而获得解决现实问题的经验。

"问题解决"的教学模式包含了一大类的教学活动的形式，如国外的"发现学习""探究学习"以及建构主义的"支架法""抛锚式""随机通达教学"等。国内的"自主探究学习""综合实践学习""主题教学""引导发现法"等都可以归入这一大类。

1. 杜威的"问题教学法"

"问题教学"有多种源头，亦有多种谱系。例如，有人就认为苏联学者马

---

① 钟启泉. 现代课程论 [M]. 上海：上海教育出版社，2003：491.

赫穆托夫是问题教学理论的创始人之一。这里主要讲与杜威的"做中学""五步思维法"等相关的"问题教学"。

杜威的教学法源于他对学生"经验"的重视，他的教学法大体可以认为是一种"以经验为中心"的教学。基于"经验"的考虑，杜威对传统的"活动原则"进行了修正并使之转化为"问题教学"。在《我们如何思维》和《民主主义与教育》等书中，杜威解释了"问题教学"的基本步骤：暗示（情境）—问题—假设—推理—用行动检验。

第一，学生要有一个真实的经验的情境——要有一个对活动本身有兴趣的连续的活动。

第二，在这个情境内部产生一个真实的问题，作为思维的刺激物。

第三，他要占有知识资料，从事必要的观察，对付这个问题。

第四，他必须负责地、有条不紊地展开他所想出的解决问题的方法。

第五，他要有机会和需要通过应用检验他的观念，使这些观念意义明确，并且让他自己发现它们是否有效。

这五个步骤后来被那些提倡"发现学习"或"探究学习"的研究者广泛引用。

2. 问题解决的一般模式

问题解决一般可以划分为四个基本过程：表征、策划、执行、控制。所谓问题的表征，就是将提出的问题转换为问题解决者内部的心理对应物。策划解决方案，包括确定必须进行的操作或运算步骤。执行包括完成在策划中详细说明的各种操作或运算任务。控制则涉及对其他过程（如察觉某一计划执行不力或某一步骤执行错误）进行监控和调节的元认知过程。通常，学校教学主要侧重于执行（即训练基本技能），而学生在问题解决学习中遇到的主要困难则是如何表征问题，如何制订计划和对问题解决过程进行监控。由布朗斯福特与斯特恩开发的五步问题解决过程则包括：问题识别、问题表征、策略选择、策略应用、结果评价。斯腾伯格提出的问题解决过程包括六个基本步骤：问题的确认、问题的定义、问题解决策略的形成、问题的表征、资源的分配以及监控和评估。这六个步骤构成一个解决问题的循环过程，即一个问题的解决意味着另一个新问题的产生。

我国学者整合以上研究，将问题解决的一般模式归结为以下五个阶段（如图2-5）。①

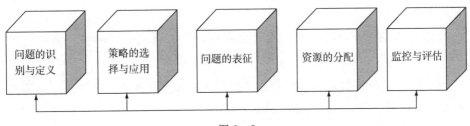

图 2 - 5

从目前的情况来看，我国的教学改革正在实践中发展，许多新的教学模式不断涌现，这些创新的探索为设计一堂好课提供了极为宝贵的启示，如影响较大的"八字教学法""异步教学""尝试教学法""尝试指导·效果回授""自学辅导教学""有指导的自主学习"等，都有很多值得我们学习借鉴的新思路和新方法。

研究成绩评判的问题

下表是小明、小红和小强在三次考试中的数学成绩，请判断：三个同学中哪一个人的数学成绩比较好？

	第一次	第二次	第三次
小明	63	84	90
小红	82	78	80
小强	96	81	66

问题一提出，各小组立刻展开热烈讨论，大家各抒己见，争先发言。

生1：我认为是小明。因为从表面上看，小明的成绩一次比一次进步，而且在最后一次考试中他的分数最高。

① 高文. 教学模式论［M］. 上海：上海教育出版社，2002：235-236.

生2：我认为小强的成绩比较好，因为他的平均分最高。

生3：小红成绩好，她的成绩比较平稳，不像其他两人有时考得好，有时考得不好。

生4：小强好，他第一次临场发挥最好，考了96分，是所有分数中的最高分。

生5：（振振有词地）小明好。虽然第一次他考得最差，但第三次他考得最好。谁笑到最后，谁就是真正的胜利者。

生6：小明好。因为他第三次考得好，说明他现在是最好的。

师：刚才大家讲出了这么多看法，都有一定的道理。这说明我们选择不同的标准，在不同的标准下就会有不同的结果。所有的学生都若有所思地点头。课上到这里，听课的老师都认为帷幕将要拉上，可是朱老师并不满足，只见他话锋一转："通过这个例子，你们有什么总结的话要说吗？"

（大家略一沉思，又纷纷举起了小手）

生：考虑问题不能光凭一些数据，而应该把各种情况综合起来考虑。

生：考虑问题时，应从不同的角度，用不同的方法进行思考，这样可以拓宽我们的解题思路。

生：我认为面对问题时，只要我们善于开拓我们的思维，就能想出各种方法来。

生：语文有多种答案，而数学往往是一种答案，所以我们要努力改变这种现状。数学也可以有多种答案，就像刚才的例子。

师：刚才总结的是在解决数学方面的一些观点。那么在做人方面呢？

生：做每件事不能只站在自己的角度去考虑问题，而应该多站在他人的角度去想。

生：看一个人，不能只看到他的缺点，还要看到他的优点，每个人的优点应该是多于他的缺点的。

生：看问题不能光用一种老方法，而应用新颖的眼光来看问题。

生：看一个人不能只看外表，要看本质。

生：解决问题要多用自己的方法。比如吃面包时，不一定非要同时喝牛奶，也可以配果酱或其他什么的。

在这个案例中，教师提供由三组数据构成的情境，引导学生讨论和探索如何进行数学判断及认识做人的问题。把学习任务抛锚在实际情境中，让学生在解决问题中建构意义，这是一种虽然简单但很常用的模式。

应当特别提到的是，新课程开设的"综合实践活动""综合性学习"等科目的教学，一般都是采用"问题解决"的模式，而且其活动形式也不限于课堂，在此不再列举。

第三章

设计一堂好课要把握好哪些重要环节

教学设计是由一系列的工作环节组成的，这些环节之间相互依存，相互渗透，相互作用，形成一个有序的结构。设计一堂好课，既要以系统思维去纵观全局，又要具体而细微地抓好每个操作环节。

教学设计是由一系列的工作环节组成的，这些环节之间相互依存，相互渗透，相互作用，形成一个有序的结构。设计一堂好课，既要以系统思维去纵观全局，又要具体而细微地抓好每个操作环节。对教师来说，教学设计应当基于课程标准，教学设计的前期需求分析是提出教学目标和选择教学策略的依据，教学设计的系列策划是落实教学构想的具体步骤，而对教学过程和结果的评价与调节则是保证目标达成必不可少的一步。

一、　教学设计应当基于标准

在新一轮的基础教育课程改革中，我们沿用了多年的教学大纲逐渐退出历史舞台，而国家课程标准正悄然进入我们的视野。课程标准作为国家对学生接受一定教育阶段之后的结果所做的具体描述，是国家教育质量在特定教育阶段应达到的具体指标。它具有法定的性质，因此它是教育管理、教材编写、教师教学、学生学习的直接依据。我们必须按照国家课程标准推进教学改革。

（一）课程标准的变革指向

世纪之交，党中央、国务院为迎接知识经济的挑战、全面提高国民素质、提升综合国力，做出全面实施素质教育、进行基础教育课程改革的重大战略决策。本次课程改革着眼于建立有中国特色、更加符合时代要求的基础教育课程体系，而研究制定基础教育各学科课程标准是其中的核心内容。因此，课程标准具有以下的特征：

1. 体现素质教育观念

课程标准力图在"课程目标""内容标准"和"实施建议"等方面全面体现"知识与技能、过程与方法以及情感态度与价值观"三位一体的课程功能，从而促进学校教育重心的转移，使素质教育的理念切实体现在日常的教育教学过程中。

2. 突破学科中心樊篱

课程标准关注学生的兴趣与经验，精选学生终身学习必备的基础知识和技能，努力改变课程内容繁、难、偏、旧的现状，密切教科书与学生生活以及现代社会、科技发展的联系，打破单纯地强调学科自身的系统性、逻辑性的局限，尽可能体现义务教育阶段各学科课程应首先服务于学生发展的功能。

3. 改善学生学习方式

各学科课程标准结合本学科的特点，加强过程性、体验性目标，引导学生主动参与、亲身实践、独立思考、合作探究，从而实现学生学习方式的变革，改变单一的记忆、接受、模仿的被动学习方式，发展学生搜集和处理信息的能力，获取新知识的能力，分析和解决问题的能力，以及交流与合作的能力。

各学科课程标准力图结合本学科的特点提出有效的策略和具体的评价手段，引导学校的日常评价活动更多地指向学生的学习过程，从而促进学生的和谐发展。课程标准中建议采取多种方法进行评价，如：成长记录与分析，测验与考试，答辩，作业（长周期作业、短周期作业），集体评议。

值得一提的是，其中"成长记录与分析"提倡学生不断反思并记录自己的学习历程：最好的作业、最满意的作品、最感兴趣的一本课外书、最难忘的一次讨论……通过记录反思学生的成长历程，激发学生的学习兴趣和自信心，发展学生的自我意识，为全面客观地评价学生积累素材。

提供改善学习方式的案例

不少学科课程标准都提供了可借鉴的案例，如：

设计实验探究哪些垃圾可能被自然降解，哪些垃圾不能被自然降解。

在家长的帮助下收集和称量每天垃圾的重量。估算一个城市或一个乡镇每周生活垃圾的总重量。

组织学生设计问卷，调查每个家庭对生活垃圾中可再生利用的垃圾的处理方式，写出调查报告。

考查学生在上述活动中的表现：

- 能否实事求是地分析调查活动的数据？

- 能否积极主动地完成收集一周垃圾的任务？

- 能否独立思考，提出与他人不同的见解？

- 是否在调查报告中表现出对社区垃圾污染环境问题的忧虑？

- 能否在调查报告中积极提出垃圾处理方式的建议？

4．拓展课程实施空间

课程标准重视对某一学段学生所应达到的基本标准的刻画，同时对实施过程提出了建设性的意见，而对实现目标的手段与过程，特别是知识的前后顺序，不做硬性规定。这是课程标准和教学大纲的一个重要区别，为教材的多样性和教师教学的创造性提供了广阔的空间，为体现并满足学生发展的差异性创造了比较好的环境。

课程标准中的"建设性"意见

语文课程标准：

1～2 年级——认识常用汉字 1600～1800 个；课外阅读总量不少于 5 万字。

7～9 年级——认识常用汉字 3500 个；课外阅读总量不少于 260 万字。

体育课程标准：

5～6 年级（水平三）——达到该水平目标时，学生能够初步掌握多项球类运动中的多种动作技能；初步掌握一两套徒手体操或轻器械体操；初步掌握一套舞蹈或韵律活动动作……

（二）课程标准的教学要求

课程标准反映了国家对学生学习结果的统一的基本要求，是对学生在校期间应达到的知识与技能、过程与方法、情感态度与价值观的阐述。因此，课程标准限定的是学生的学习结果，而非教学内容。基于课程标准的教学，就是教师根据课程标准来确定教学目标、设计评价、组织教学内容、实施教学、评价学生学习、改进教学等一系列设计和实施教学的过程。基于课程标准的教学给了教师一种方向感，它既为教学确立了一定的质量底线，又为教学预留了灵活实施的空间，因此它要求教师根据教学目标适当处理教学内容，根据课程标准倡导的理念选择适合的教学方法，而且要求教师开展基于课程标准的评价。

基于课程标准的教学不是要求所有教师教学标准化，也不是一种具体的教学方法，更不是有些教师认为的"课程标准涉及的内容我就教，课程标准没有涉及的内容我就不教"。确切地说，基于课程标准的教学要求教师"像专家一样"整体地思考标准、教材、教学与评价的一致性，并在自己的专业权力范围内做出正确的课程决定。[①]

1. 基于课程标准教学的特征

自从进入普及教育时代，在出现国家课程标准之前，教科书占据核心的地位。教师考虑最多的就是"教什么"和"怎样教"的问题，至于"为什么教"和"教到什么程度"的问题，教师不仅关注得不多，而且没有权威的依据。有了国家课程标准之后，就要求教师应该"像专家一样"整体地、一致地思考上述四个问题，并做出正确的决定。这就是基于课程标准的教学。

（1）教学目标源于课程标准

有了国家课程标准之后，教学的目标要说明的是"为什么教"和"教到什么程度"的问题，它不是来源于教材或教师的经验，而是来源于国家课程标准；教学的主题、内容以及活动都是由教学所要达成的目标决定的。教师需要深刻理解课程标准，把握对学生的总体期望，将课程标准具体化为每一堂课的教学目标，并据此来确定教学内容，选择教学活动方式。但从课程标准到教学目标，中间存在着一段比较大的距离。

---

① 崔允漷. 课程实施的新取向：基于课程标准的教学 [J]. 教育研究，2009 (1)：76-81，112.

课程标准反映了对学生的总体期望，是课时教学目标累积起来达成的，从课程标准到课时目标必须经过多重转换：课程标准（一个学段结束后要达到的结果）——学年/学期目标——单元目标——课时目标。教师必须在深刻理解课程标准的基础上，对课程标准进行解构，再在具体的教学情境中，结合教科书的内容，对课程标准进行重构，形成单元/课时目标。也就是说，在基于课程标准的教学中，源于课程标准的教学目标先于教学内容而存在，教师需要根据先定的教学目标处理教学内容。教科书只是用以支持教学的工具或资源之一。

　　（2）评估设计先于教学设计

　　在传统的教学中，评估是外加于教学过程的一个部分，主要用于检测学生是否已经知道教师所教的东西，能否表现出教师所教的技能，而不是用于检测学生是否学到根据目标要求应知和能做的东西，且评估的设计通常是在课程单元完成之后。其功能在于检测或提供反馈，不具有指导教学的功能；评估的设计、实施和评分常常具有较大的随意性，缺少关于目标及高质量表现的清晰意识。在实践中这样的现象并不少见，如教师自己编制的试卷很少反映学生的学习能力，也没有反映课程标准规定的质量指标，且经常是不清晰的，因此可能是不公平的。

　　在基于课程标准的教学中，教学是为了让学生努力去证明"教到什么程度"，评估是为了获得"教到什么程度"的证据，它代表着学生需要知道的东西是与目标紧密相连的。教师的教学是从对学生必须完成的任务以及学生作业应有的质量的清晰构想开始，再到计划一系列的活动以保证班级中每个学生都有出色的表现，进而获得学生达成标准的证明。换言之，基于课程标准的教学是由学生应知和能做的共识来驱动的。

　　为保证学生达成课程标准的要求，教师必须清楚地知道，学生必须知道什么，能做什么，达成标准应有怎样的表现质量。在基于课程标准的教学中，这些问题对于教学具有重要的指导作用，如能够指导课程的内容设计，指导课程的计划和节奏，指导对学生学习质量的评估。就此而言，明确学生在结束时能做什么，最终判断表现的指标又是什么，并对学生做出解释，这是基于课程标准的教学的起点。也就是说，在基于课程标准的教学中，评估的设计必须先于教学活动的设计。

（3）指向学生学习结果的质量

在基于教师经验或教科书的教学中，教师往往借助个人的判断或者某种工具对学生的学习做出评定，学生学习等级的判定反映的是教师个人关于教学质量和学习质量的理解。不同的教师对学生学习质量的判断仅仅指向于学生表现的质量。在基于课程标准的教学中，学习结果的质量对所有的学生都是相同的，但达成这一结果的方式却是千差万别的。教师仅仅让学生完成作业是不够的，必须用学生做的作业来证明学生在掌握特定的知识、技能和意向方面的进步。教师必须在头脑中清楚地意识到所期望的质量，引导学生去实现这些进步。教学不是随机的，而是与学生已知的、能做的以及所期望的学习质量紧密相关的。教师必须有多种教学策略来满足学生多样的学习需要，并规划适当的学习机会，允许学生以自己的节奏实现进步。

基于课程标准的教学是否成功要根据学生的学习结果来判断。教师们再也不能说："我课教得很好，只是学生没有好好学习。"良好的教学的证据是达成了共同制订的标准，如果证据表明学生没有适当的表现，教师就应当提供额外的教学。在基于课程标准的教学中，对表现的评价是根据共同认定的表现标准来判断特定的表现证据的，也就是说，对学生进步和表现质量的判断必须反映出课程标准所列举的适当表现的特征。尽管不可避免地会存在因个人偏好产生的差异，但学生总是有理由"会被一个教师看成好的，也会被另一个教师看成好的"。一个教师眼中合理的进步也会被其他教师看成合理的进步，学生也能运用这种特定的质量指标来引导自己的学习，判断自己的作业与进步。学生的作业是表现信息的重要来源，也是教师判断教学成功或是否需要改善的重要依据，教师据此了解学生的学习状况，进而为设计下一步的教学提供决策基础。

2. 掌握内容标准分解的原则

"内容标准"指的是学科课程标准里反映"应该教学什么"的内容，它是"应该教学什么"这一课程内容的具体化、明确化和标准化。"内容标准"是课程标准中不可或缺的重要组成部分。

内容标准所陈述的课程内容具有如下特点：基本性、基础性、目标性、标准化。课程标准中的内容标准并不是要限制也不可能限制师生的教学，更不是规定只能教学某些内容。相反，它是师生创造性教学的基点，师生借助于这一基点才不会在知识的海洋中迷失方向，才能得到知、能、情的整体、协调发展。

（1）学习目标的内涵及构成要素

从理论上说，内容标准就是学段的学习目标，是比较上位的、抽象的学习目标。分解课程标准就是将上位的内容标准具体化为单元或课时的学习目标，即将抽象的内容标准通过分解具体化为可评价的、能直接指导教师教学与评价的目标。教育历来是人类有目的、有意向的行为，无疑，目标既是学生学习、教师教学的出发点，又是归宿。

学习目标就是期望学生经历一定时间的学习以后所获得的结果。它是学生在教师指导下完成某项学习任务后应达到的质量标准，在方向上对教学活动设计起指导作用，并为教学评价的开发和实施提供依据。因此，确定学习目标，不仅有助于教师明确模块、单元、课时目标与课程标准的衔接（或超越）关系，从而明确课程与教学设计的工作方向，而且有助于学习内容和学习活动的选择与组织，并可作为教学实施的依据和学习评价的准则，从而提高教学的效果和效率。确定学习目标并与学生分享，教师也能够帮助学生理解这些期望，学生就会对自己的学习负责，就能更好地有针对性地学习并把握自己的成功。只有学生明确了学习目标并感到成功的机会在自己手中，他们才更可能付出努力去争取，从而极大地激发他们的学习动机。[①]

学习目标的基本要素

学习目标要具备这样的功能：至少必须明确谁学、学什么、怎么学、学到什么程度。清晰地回答了这四个问题，便构成了学习目标的基本要素：行为主体、行为表现、行为条件与表现程度。

行为主体——行为主体是学习者，不是教师。学习目标描述的是学生学

---

① 周立群. 缺失与重构：基于标准的语文课程内容的思考：以小学语文课程教学为例［J］. 课程·教材·教法，2010（6）：38-43.

的行为，而不是教师教的行为。规范的学习目标开头应是"学生应该（能）……"书写时可以省略，但思想上应牢记。合适的目标是针对特定的学习者的。

行为表现——行为表现包括希望学生完成的任务和达成的结果，而预期的行为结果又可分为三类：成果性结果（如背一首诗）、体验性结果（如在军训时打过靶）、创新性结果（如设计广告语）。因此，叙写学习目标的行为表现可以陈述学习成果，也可以陈述学习任务。它们由两部分组成：行为动词和核心概念（名词）。行为动词用以描述学生所形成的可观察、可测量的具体行为，如写出、列出、认出、辨别、比较、对比、指明、绘制、解决、背诵等。核心概念（名词）是行为动词指向的对象，如实验报告、菜单、概念的区别、光合作用的意义、效果图、方案等。

行为条件——行为条件是指影响学生产生学习结果或完成学习任务的特定限制或范围等，主要有辅助手段或工具、提供的信息或提示、时间/次数/空间等数量的限制、完成行为的情景等。如，"借助计算器""根据地图""看完全文后""5分钟内""通过观察情境和小组讨论"等。

表现程度——表现程度是指某一群体或个体学生达成目标的最低表现水准，用以评量学习表现或学习结果所达到的程度。如，"说出'家园'的三层含义""至少提出两种解决方案""百分之九十都对""10次至少进4球""完全无误"等。

当然，学习目标描述的是期望学生达成的学习结果。这种学习结果有的是在真实的学习活动发生之前可以预设的，有的在学习发生之前很难预设，难以规定甚至不需要规定。这种学习结果有的具体、外显，可直接观察、测量，有的抽象、内隐，只能通过学生的行为表现间接推测，有的甚至很难或不能转化为行为表现。上述学习目标的四要素强调的是学生的外显行为，确定的学习目标比较具体、明确、清晰，也便于观察和测量，但没有很好地关注学生内部心理的变化。

初中物理《探究——水的沸腾》一节教学目标的比较

甲：1. 经历"水的沸腾"实验过程，观察水的沸腾现象，感知水的沸腾是一种表面和内部同时发生剧烈汽化的现象，整个过程要吸热。

2. 能用沸点的知识解释水、油、氧气等不同状态和现象。

3. 在分组实验活动中，具体分工，责任到人，团结协作，共同完成观察、测量、记录、整理等工序。

乙：1. 观察水的沸腾现象，说出水的沸腾特征。

2. 能用沸点的知识解释生活和自然界中的一些现象。

3. 培养观察能力、动手操作能力、合作交流能力，增强探究和创新意识。

显然，甲提出的教学目标关注了学生的经历过程，具体而细化，体现了探究性课程的特点。而乙提出的教学目标似乎任何一节课都可以套用，也就失去了应有的意义。

（2）内容标准与学习目标相对应

我国的课程标准都以2～3年为一个时间段，分水平（或学段）描述了各领域、主题、知识点的学习结果。课程标准分解为各个层级的学习目标，是一个复杂的历程，有多种分解取向、分解方式、分解策略和对应关系。这种课程标准分解的复杂性和多样性使得各个层级的学习目标变得更加丰富，教师设计课程的自主性和弹性也就变得更大了。将内容标准分解成课堂操作层面的课时学习目标，其数量上的对应关系大致有下列三种情形（见表3-1）。

表3-1 内容标准和学习目标在数量上的对应关系

内容标准	分解	学习目标	对应关系
Ⅰ	→	A	一对一
Ⅱ	↗↘	B	一对多
		C	一对多
Ⅲ	↘	D	多对一
Ⅳ	→		
Ⅴ	↗		

如表3-1所示，一对一关系是指一条学习目标达成一条内容标准，目标和内容标准的对应明显可见。一对多关系是指一条内容标准需要分解成多条学习目标才能达成。多对一关系则是将多条内容标准或其中相关的目标因子组合、聚焦或联结在一起而成为一个学习目标。

无疑，课程标准是确定学习目标的重要依据。但是学习目标的确定还需要受谁确定、在哪里确定、给谁确定等诸多方面的影响，也就是说，它还要受教师、学生以及在哪个层面的学习目标的因素影响。这里不讨论其他因素，只是聚焦内容标准与学习目标的关系来讨论。

（3）分解内容标准的基本策略

在基于课程标准设计教学与评价的过程中，课程标准分解的作用在于形成学习目标和评价指标，指导教学和评价活动的设计。根据上述内容标准与学习目标的三种对应关系，我们将内容标准的分解确定为四种相应的策略：替代、拆解、组合、聚焦/联结。

• 替代策略

这一策略利用一对一的对应关系，以某主题语替换原有课程标准中的关键词，形成学习目标。如，"向同伴展示学会的简单运动动作"，用"五步拳"替换"简单运动动作"，即可形成武术单元中的一条学习目标。又如，"正确应对运动中遇到的粗暴行为和危险"，用"足球比赛"替换"运动"，即可形成足球单元中的一条学习目标。

• 拆解策略

这一策略使用一对多的对应关系，将课程标准拆解成几个互有联系的细项指标，以此形成具体的学习目标。如，"练习各种平衡动作"，把"各种平衡动作"拆解为"扣腿平衡""提膝平衡""探海平衡""望月平衡"等，即可形成一个武术单元中多条具体的学习目标。这些还是静止性平衡动作，还可拆解为不同运动项目动态动作的平衡练习。又如，"能用实例说明机械能和其他形式的能的转化"，"说明"可以拆解为"用言语说明""用图表说明""用实验演示说明"等，"其他形式的能"可以拆解为"电能""热能""光能""化学能"等，即可形成"机械能"教学单元中多条具体的学习目标。

• 组合策略

这一策略运用多对一的对应关系，合并多条课程标准，形成一个学习目标。如，"认识和理解体育锻炼对身体形态发展的影响""认识和理解体育锻炼对身体机能发展的影响"，由于身体形态和身体机能是体质的下位概念，因此，可以将其组合，形成"认识和理解体育锻炼对体质健康的意义"这一学习目标。

• 聚焦/联结策略

这也是运用多对一的对应关系，选取多条课程标准中相同的或具有关联性的部分内容作为教学的焦点，形成一个学习目标。如，"用动摩擦因数计算摩擦力""用力的合成与分解分析日常生活中的问题"，可以聚焦，联结，形成"分析斜坡停车问题"这一学习目标。

可以看出，拆解和组合策略是一对相反的过程。拆解策略是把一个学习目标分解为更小的学习目标，而组合策略则把几个小的学习目标聚合为一个大的学习目标。需要强调的是，分解课程标准即根据学情、校情和其他课程资源将上位的内容标准具体细化为下位学习目标的过程。这一过程中，基本的分解策略是拆解，即使采用聚焦/联结策略，也必须在"拆解"的基础上，聚焦/联结其中内容相同或关联的部分构成学习目标，因此，拆解策略是分解课程标准的基本策略。

"说明细胞分化"一课时的教学目标

依据学习目标陈述的规范，叙写明确的学习目标，叙写时可省略"行为主体"。"说明细胞分化"这一内容标准最后确定的一课时的学习目标如下：

（1）在教师的指导下，通过阅读和观察情境，准确无误地简述细胞分化的时间。

（2）通过倾听教师讲解和观察情境，准确地用关键词简述细胞分化的原因。

（3）通过讨论和分析具体的细胞分化情境，自己组织语言或绘制图形并准确无误地阐明细胞分化的过程。

（4）通过观察和分析具体的细胞分化情境，能独立举例并准确地解释细胞分化的两个特点。

（5）在新情境中，通过集体讨论，在教师提示下总结细胞分化与分裂在个体发育中的意义。

（三）基于课程标准的教学设计

基于课程标准的教学需要一套专业的程序。具体地说，基于课程标准的教学由以下八个步骤组成：明确内容标准，即"如何分解课程标准中的相关内容使之更加具体、清晰"；选择评价任务，即"证明学生达到上述标准的最好途径是什么"；制订评价标准或研发评分规则，即"用于判断学生表现的准则是什么"；设计课程以支持所有的学生做出出色的表现，即"怎样选择和组织内容才能帮助学生在完成评价任务时表现突出"；规划教学策略以帮助所有的学生完成课程的学习，即"什么方法和策略才能更好地促进学生的学习"；实施规划好的教学，即"怎样实施上述选定的方法和策略"；评估学生，即"利用学生表现证据确定上述标准实现程度"；评价并修正整个过程，即"是否需要补充教学，补充什么"。

（1）以课程标准为思考的起点

课程标准体现的是"国家对不同阶段的学生在知识与技能、过程与方法、情感态度与价值观等方面的基本要求"，它主要是"对学生在经过某一学段学习之后的学习结果的行为描述"[①]。有了课程标准后，理应通过"分解"课程标准得到教学目标，即以课程标准为思考的起点（整体思考路径见图 3-1），根据标准中所要求的相应的学习结果制订学习目标、设计评价、解析教材、选择或改编方法，进而组织教学活动，把教材作为达到学习目标的素材之一，整体指向目标的达成。

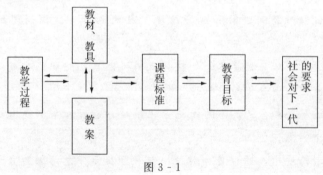

图 3-1

---

① 钟启泉，崔允漷，张华. 为了中华民族的复兴　为了每位学生的发展：《基础教育课程改革纲要（试行）》解读 [M]. 上海：华东师范大学出版社，2001：172.

应该特别强调的是，"课程标准提出的三维目标"是基础学力的一种具体表述。第一维目标（知识与技能）意指人类生存所不可或缺的核心知识和基本技能；第二维目标（过程与方法）的"过程"意指应答性学习环境与交往体验，"方法"指基本学习方式和生活方式；第三维目标（情感态度与价值观）意指学习兴趣、学习态度、人生态度以及个人价值与社会价值的统一。在学校教学中，既不能离开过程与方法、情感态度与价值观去求得知识与技能，又不能离开知识与技能去空讲过程与方法、情感态度与价值观的发展。"三维目标"是一个整体，不可分割。三者是融为一体的。[①]

（2）以教学事件为整合载体

"教学事件"是加涅等教学设计专家提出的一个概念，是指教学中应当做的一件件的事。当以分析性的方式看待教学和研究教学的内部结构时，常用"教学事件"来指称"教学"，即2005年加涅等人在《教学设计原理》（第五版）中对教学的定义："嵌于有目的活动中的促进教学的一套事件。"我国学者认为，加涅关于教学事件的研究为三维目标整合的可能性提供了实践模型，而当代复杂性理论则为三维目标整合的必要性提供了理论支持，以此为基础建立的三维目标整合的 KAPO 模型打破了加在三维目标整合上的限制条件，有利于教师精心设计教学事件，有效实现三维目标整合，将认知教育与情感教育有机地结合起来。[②]

加涅曾经指出："一般来说，教学包含一组能够支持学生内部学习过程的外部事件，目的在于使学生能够从当前位置过渡到终点目标所规定的能力。在大多数情况下，教学事件必须由教学设计者或教师做出审慎的安排。这些具体的教学事件并非适用于所有的课，而是必须依据每一个学习目标来确定其具体形式。为适合每种情况而确定的教学事件，在支持学习过程方面应具有理想的效果。"加涅以学生的内部学习过程为基础，提出了"九大教学事件"，每一种事件都与特定的学习过程相对应。

加涅在教学事件上还有一个重要思想，那就是教学事件提供者可以由教

---

① 钟启泉. "三维目标"论 [J]. 教育研究, 2011（9）: 62-67.

② 李亦菲，朱小蔓. 新课程三维目标整合的 KAPO 模型 [J]. 天津师范大学学报（基础教育版），2010（1）: 1-10.

师转变为学生。在列出九大教学事件的同时，加涅及时提醒说，绝不是每堂课都需要所有这些事件。随着学习者经验上的增长，教学事件倾向于更经常地由学习者自己来提供。

事例点击

一个具体"教学事件"实现三维目标的整合

—— "你想不想知道树叶为什么会落"①

在教学中，教师经常通过提问来激发学生的好奇心，以吸引学生的注意力。例如，当教师问学生"你们想不想知道树叶为什么会落"时，学生接受的刺激是言语信号。在理解语言的前提下，只要学生知道"树叶"和"飘落"这两个词的意思，就能听懂这一问题，进而唤起相应的神经冲动，并表现为具体的心理活动。我们可以将学生可能产生的一些心理活动列举如下：在心里想象树叶飘落的景象，伴有时间、天气、树种的信息，感受大自然的奇妙；根据树叶飘落的有关信息，猜想树叶飘落的原因；联想到自己利用飘落的树叶制作叶画的场景，记起制作叶画的方法，并感到快乐；联想到自己的祖母就是在一个树叶飘落的时节去世的，并感到悲伤……在以上心理活动中，涉及的"知识与技能"包括与树叶飘落有关的知识、制作叶画的方法、树叶飘落和死有关联；涉及的"过程与方法"有猜想的基本方法；涉及的情感态度与价值观包括感受大自然的奇妙、欣赏叶画的快乐心情、祖母去世的悲伤情绪。

由此可见，在这一教学事件所激发的心理活动中，包含了三维目标各个维度的内容，由于这些内容都是围绕"你们想不想知道树叶为什么会落"这一提问而展开的，彼此之间具有密切的关联，形成了一个有机的整体。按照KAPO模型，可以将在这一教学事件中实现三维目标整合的具体情况描述如下（见图3-2）：

---

① 李亦菲，朱小蔓. 新课程三维目标整合的KAPO模型 [J]. 天津师范大学学报（基础教育版），2010（1）：1-10.

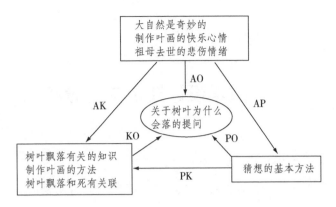

图 3-2

（注：三维目标整合的 KAPO 模型，其中，K、A、P 分别代表知识与技能目标、过程与方法目标、情感态度与价值观目标，O 代表教学事件）

（3）以逆向设计为总体思路

1999 年，美国课程与教学领域的专家 Grant Wiggins 和 Jay McTighe 在反思传统教学设计之不足的基础上，提出了一种新的教学设计模式——逆向教学设计（Backward Design），即"从终点——想要的结果（目标或标准）开始，根据标准所要求的学习证据（或表现）和用以协助学生学习的教学活动形成教学"（其过程主要由三个阶段组成，如图 3-3）。他们把课程作为达到既定学习目标的手段，将教学看成将注意力集中于特定主题，使用特殊资源，选择特殊的学习指导方法，以达到既定的学习目标的过程。

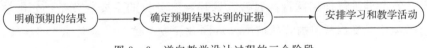

图 3-3 逆向教学设计过程的三个阶段

设计过程中每个阶段围绕以下焦点问题展开，分别为：学生应当知道、理解和能做什么？我们怎么知道学生已经达到了预期结果或既定标准的要求？怎样的学与教能促进预期结果的达成？

逆向教学设计先明确预期结果，再确定预期结果达到的证据，把评价设计提到教学活动设计的前面，使评价嵌入教学过程，成为诊断和驱动教学的工具。这样一来，教学成为发现证据的过程，评价不再只是教学结束后的终结性检测，两者形成"教学—评价—教学"的螺旋式上升环，不断促进目标的达成。①

二、 教学设计注重前期分析

教学设计的前期分析主要是分析学习需要。

教学设计是一个问题解决的过程，学习需要的分析则是问题解决过程的起点。在教学设计中，学习需要是指学习者学习的目前状况与所期望达到的状况之间的差距，即学习者目前水平与学习者期望达到的水平之间的差距。差距揭示出教学中实际存在和需要解决的问题，指出了学习者在知识、技能、能力、态度等方面的不足，从而揭示教学目标和教学任务。学习需要的分析就是找出差距的过程，它包括学习者的特征分析（学习者的兴趣、经验、知识基础、能力水平、学习风格等）、内容分析（内容的类型、内外部条件等）以及教学任务分析。

（一）课程内容分析

课程内容的分析是对学习者的起点能力转化为终点能力所需要的知识、技能、态度等进行详细阐释的过程。课程内容分析的主要任务是：分析学习内容的类型，确定学习内容的结构、范围和深度，这与"教什么""学什么"有关；揭示学习内容中各项知识与技能之间的相互关系，为教学顺序的安排奠定基础，这与"如何教""如何学"有关。课程内容分析是通过研究课程标准与教材来实现的，内容分析实际上也就是我们在提及备课时所说的"备教材"或"钻研教材"。

1. 研究课程标准

钻研课程标准的目的是弄清楚自己所教学科应秉持的教学理念，清楚它

---

① 叶海龙. 逆向教学设计简论 [J]. 当代教育科学，2011（4）：23-26.

的目标和要求，了解本学科的编排体系和内容安排，明确学科的特点和教学的建议以及对课程开发和资源利用的要求。这样既可以掌握各部分教材内容之间的内在联系，又能为制订好学期（或学年）教学工作计划打下基础。

钻研课程标准之后，可以统观全局，理清主次，在进行具体的章节和课文的备课时，才能把它放在整体中加以考量，明确其具体的目的要求，体会其上下左右的联系以及它在整个教材中的地位和作用，避免只见树木不见森林甚至一叶障目之弊。

在钻研课程标准的基础上研究每一课的教材时，不仅可以知道学生过去学了些什么，还可以有计划地做好下一步的安排，增强备课的预见性，克服盲目性。

课程标准只是对学生学习结果的一种衡量标准，而不是向学生传授的具体知识内容，所以教师还要钻研教材。

2. 深入钻研教材

从步骤上看，可以分三步走。

第一步是通过读教科书，了解教材体系的安排，掌握教材的内在联系，研究它的科学性、思想性和系统性，以便向学生传授规律性的知识。

第二步是根据各部分教材的不同属性和特点，将基础知识和基本技能进行初步排队，确定整个教材的重点、难点和关键。

第三步是通览课本的插图、例题、练习、实验，注解、附录和索引等，研究教材的深度和广度，明确哪些内容尚缺乏完整性，需要加以补充；哪些内容需要进一步拓展，需强调其特殊性；哪些内容还需要进一步探讨，加深认识；对学生进行怎样的思想教育和发展什么能力等。

从要求上看，钻研教材要达到懂、透、化。

一是"懂"，就是对教材的基本思想、基本内容、基本概念以及每字每句都弄清楚，从教材的标题到思考题、练习作业、插图、注释以及附录、附表都不轻易放过，对每一道例题和习题、每一项实验都能解答和操作。总之，"懂"必须做得精细扎实，一定要坚持科学严谨的态度。

二是"透"，就是对教材不仅要懂得，而且要很熟悉，能够融会贯通，运用自如。这就要求对教材进行精读细钻。首先，要了解每一章节在整个教材中的地位和作用，章节与章节之间的相互关系，并掌握每一章节的层次结构、内容和观点，了解整个教材的组织结构，明确教学内容的来龙去脉，弄清整个教材的重点、难点和关键。其次，要从教材的整体结构出发，仔细推敲，注意研究教材各部分之间的孕伏、铺垫、过渡、延伸、照应等关系，力求抓住教材的精华和带规律性的知识，并以此来举一反三，驾驭全局。在理清教材纵向和横向的内在联系以及它们与外部（其他学科的教材）联系的基础上，考虑好怎样根据学生的实际，加工处理教材，明确教学目标和"双基"的要求，确定教学内容的深度和广度，设计教学的程序。

三是"化"，就是教师的思想感情与教材的思想性、科学性融合在一起。这如同蜜蜂酿蜜一样，是一个消化吸收的过程。教师到了"化"的境界，整个教材内容已经了然于胸，变成了有机整体。

总之，钻研教材要做到既能钻进去，又能走出来。钻进去，就是要领会教材的精华，全面、准确地掌握教材的知识内容；走出来，就是讲课时能够由浅入深，深入浅出，左右逢源，灵活运用。

3．研究其他可利用的课程资源

课程资源的范围很广，教师能获得的教学指导书、参考书、配套练习册，相关的光盘、课件、软件包，乃至网上的、其他人开发的有关材料，都可以辅助我们把握教材内容。

（二）学习者分析

一堂好课要"为学习而设计"，就应当有的放矢，从学生的已有知识水平、经验储备和心理状况的实际出发，提出一个有针对性的解决问题的方案。对学习者的分析，主要是了解学习者的学习准备状态、一般特点和学习风格等方面的情况，重点是分析学习者的起点能力。起点能力是指学习者对从事学习已经具备的有关知识和技能的基础、知识结构状态及能力水平，同时要进行学习态度的分析。学习者分析要十分重视学生原有的经验对学习当前内容的各种影响。

为了更好地分析学习者的状况，可以采用以下一些了解学生的方法：

• 自然观察法

自然观察法是指教师在自然状态下，通过对学生的行为表现进行有目的的观察和分析，从而了解学生基本情况的方法。这是了解学生的最常用的方法。

• 书面材料分析法

书面材料分析法是指教师通过阅读、分析有关记载学生情况的书面材料（包括档案资料、班级记录资料和学生个人作品、作业等）来了解学生的方法。这种方法能较全面地了解学生的历史、现状、发展变化及其未来的发展趋势。

• 调查研究法

调查研究法指教师借助一定的方法和手段，对学生进行有计划的全面系统考察，从而了解学生，发现问题并研究解决问题的策略的方法。这种方法有利于深入了解学生的情况和弄清事情的需要与可能。

• 谈话法

谈话法是指教师根据一定的目的要求，通过与学生口头交谈的方式，了解学生的内心活动的方法。这种方法有利于教师了解学生的情况，也有利于师生双方的情感交流。

此外，通过诊断性（摸底性）测验了解学生的学业水平，并对测试结果进行分析研究，这也是教师最常用的一种方法。

注意学习者的原有知识经验对理解新知识的影响

学习者原有的知识经验对新知识学习的影响并不总是积极的，因此，教师要认真了解和分析学生在知识理解上有什么真正的模糊点和混淆点。如初中学生常把小学所学的自然数与正数、整数等同起来，在判断 $3a$ 与 a，$a+b$ 与 $a-b$，a 与 $-a$ 的大小时，会不假思索地作出 $3a>a$，$a+b>a-b$，$a>-a$ 的错误结论。又如，在学分式时，他们又将单项式的"单项"搬过来，认为 $\frac{y}{x}$ 是单项式。学过了乘法分配律 $m(a+b)=ma+mb$，他们会认为 $(a+$

$b)^2 = a^2 + b^2$，$lg\ (a+b) = lg\ a + lg\ b$，$\sin\ (A+B) = \sin A + \sin B$。了解学生原有知识的状况，根据原有知识可能对新知识产生的影响，有目的、有针对性地设计教学，也被许多教师实践着。如学习"角"的概念时，学生一般认为"角"是由两条直线交叉而成的，这是日常生活中对"角"的认识。在平面几何中教学"角"的概念时，教师就应该注意到学生认识上的这一局限性，引导学生用运动的观点，对"角"的产生过程进行认识，特别是对平角、圆周角这样的特殊角进行讨论和鉴别，以获得对"角"的本质特征的重新认识，纠正原有理解上的不足，建立完整正确的"角"的概念。

教学设计中对学习者的分析，不仅要了解学习者的一般学习状态，而且要具体而细微地分析他们对将要学习的新知识有什么认识上的盲点和错误的经验的干扰。

（三）教学任务分析

任务分析也被称为"作业分析"，是一种教学设计的技术，指在开始教学活动之前，预先对教学目标中所规定的、需要学生习得的能力或倾向的构成成分及其层次关系详加分析，为学习顺序的安排和教学条件的创设提供心理学依据。任务分析是在研究课程内容和学生情况后，对完成教学任务所需掌握的先决条件进行的分析。它要解决的问题是：确定完成新的学习任务所需的学习准备；分析从学生已有的学习准备到完成新的学习任务之间，要铺垫哪些过渡性的目标或从属性的技能，才能逐步逼近目标；分析先前获得的哪些智慧技能（特别是概念和规则的学习）可以支持新的学习任务的完成。任务分析中，一般将为达到终点目标而必须先行掌握的过渡性目标称为"使能目标"。

从国内外对学习任务分析的界定来看，有以下一些共同的成分：

首先，任务分析是对教学目标或学习任务（教学任务）进行分解的过程。这里的分解是将复杂的整体分解为简单的组成部分。

其次，任务分析还是一个分类的过程。这里的分类是将复杂的学习任务分门别类地归入学习规律已经阐明的心理学类别中，如知识、技能、态度等。找到合适的类别以及该类别学习的规律，就可以顺藤摸瓜找到促进学习的教学措施。

最后，任务分析还是一个对分解出的子成分进行排序的过程。分解出的子成分不可能同时教学，需要根据它们之间的关系以及与终点目标的关系确定教学顺序。

以上三个方面是任务分析最突出的特点，由此导致任务分析可以决定与实现教学目标相关的三个重要问题：教什么，按什么顺序教，用什么方法教。教什么——教构成教学目标的子成分；按什么顺序教——按安排好的子成分的顺序教；用什么方法教——根据教学目标涉及的心理学类别及其习得规律选择教学方法。它们确定下来了，就基本确定了为实现目标进行的教学活动的大致框架。

教学任务分析是一项复杂的教学设计技术。如果说教学任务分析是教学过程的"路线图"，那么要绘好这张"图"，教师可以从以下几方面操作：1. 首先确定具体清晰的终点目标。2. 接着提问："为了达成终点目标，必须先掌握哪一个过渡目标？"3. 再提问："为了掌握这一过渡目标，必须先知道什么或先会做什么？"如此逐级推演，一直到找出全部过渡目标和先决条件为止。4. 按照"终点目标—过渡目标—先决条件"的层级进行排序。5. 考虑用什么样的方法和途径才能最有效地完成每一项学习任务。6. 根据学生的起点行为确定可能的教学起点。从以上操作中我们可以看到，教学任务分析比以往单纯确定教学重点和难点的做法更为全面和科学。

教学任务分析两例

教学任务分析要做好三件事：

一是确定学生的起点能力，即他在接受新的学习任务之前，原有的知识技能准备；

二是分析使能目标，即学生要达到最终目标必须具备哪些起"跳磴"或"梯坎"作用的过渡性知识和能力；

三是分析的支持性条件，如基本的一些技能等。

下面是两个教学任务分析的例子。[①]

---

① 皮连生. 教学设计：心理学的理论与技术 [M]. 北京：高等教育出版社，2002：88-89.

（一）

"需进位的两位数加法"（如：22＋49＝?）的任务分析

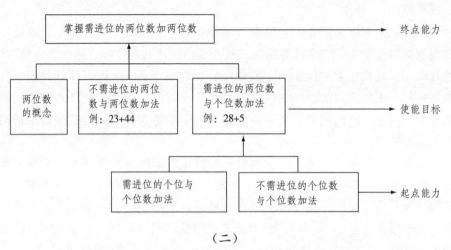

（二）

按一定顺序把事物或景物写清楚、写具体的教学任务分析

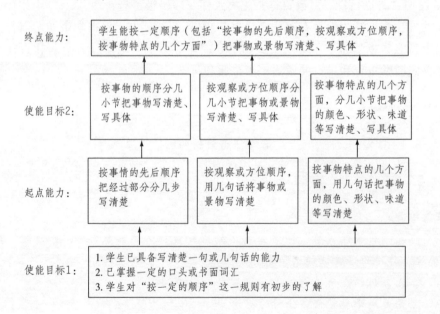

三、 教学设计精于系列策划

在经过前期的学习需求分析以后，教师对于课程内容与教学任务、学生的基本状况与已有准备以及教学应循着什么线路展开，可以说大体了然于胸。下一步自然也就进入具体操作的系列策划阶段了。这一阶段的工作大致有几个方面：

（一）确定教学目标

清晰而具体的教学目标是一堂好课最重要的标志。按照美国学者克拉克的说法，教学目标是"目前达不到的事物，是努力争取的、向之前进的、将要产生的事物"。实际上，教学目标是人们对教学活动结果的一种主观的愿望，是对完成教学活动后学习者应达到的行为状态的详细具体的描述。它通过教学活动来落实课程标准提出的要求，从而在学生身上引起素质和行为的变化。在教学中，教学目标有指导教师进行教学测量、评价、选择和使用教学策略、提示学生怎样学习的作用，对教学活动具有导向、指引、调控和测量等功能。可以说，教学目标既是教学的出发点，又是归宿。它作为教学的灵魂，支配着教学全过程并规定教与学的方向。

1. 确定教学目标的要求

教学目标是针对学生学习的最终结果而设计的。任何一个教学目标的设计，只有在符合学生学习的特点和规律时，才能有利于促进每位学生的发展。

• 正确认识并提出知识与技能、过程与方法、情感态度与价值观的三维目标。

教学设计必须根据所教学科内容的特点来确立三维目标，将它具体化并落实于教学活动之中。知识与技能、过程与方法、情感态度与价值观是一个相互联系、相互渗透的整体，是一个完整的人在学习活动中实现素质建构的三个侧面。在实际的教学过程中，不应当将它们设计为三个环节并分别操作。事实上，任何有效的知识与技能的获得都必须让学生亲历一系列的学习活动，去感受和理解这种知识的产生与发展，并从中习得一定的方法和策略，让他们学会学习并发展智能。同时，这些活动使他们领会到知识与技能的意义，体验到积极的情感，习得正确的态度，受到价值观的教育。当然，就一堂课的教学设计而言，由于三维目标的实现所需要的时间有长有短，而且具体内容所提供的可利用资源也有差异，所以应当全盘考虑，点面结合。

• 从整体出发，处理好上、下位目标之间的关系。

教学目标一般并不是孤立的，不同层级的教学目标之间构成一个序列：

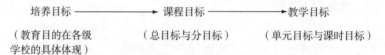

培养目标 ———————→ 课程目标 ———————→ 教学目标

（教育目的在各级　　　　　（总目标与分目标）　　　（单元目标与课时目标）
学校的具体体现）

教育目的的具体化是课程标准，而课程标准的具体化就是教学目标。即使是教学目标，也有不同的层级：由学年（学期）目标到单元（主题）目标，再到课时目标。由于上位目标决定下位目标，在确定教学目标时，教师必须清楚它的上位目标是什么，才能把握住下位目标的基本定位。

• 教学目标的确定还需要针对具体的内容或活动、可得到的资源以及目标所指向的学生进行研究与分析，以便于挖掘教学内容潜在的教育意义。

• 要适应学生多方面的需要，使目标具有一定的弹性。

学生的学习能力、学习基础是参差不齐的，制订一个适合全体学生的教学目标几乎是不可能的，但班级教学又始终围绕一定的教学目标来开展。因此，应确定教学目标的最低下限，并使目标在一定的幅度内波动。

• 要清楚预设目标与生成目标的关系，把握教学效益的底线。

我们通常所说的教学目标是预期的结果，其实它只能是预设教学效益的底线而不是教学结果的全部。真正的教学结果一定是预设的目标（也有可能改变）加上生成的目标。教学设计时关注的重点是预期的结果，它是课堂教学过程的决定因素，也是教学效果的最起码要求，是教学效益中可评价的那一部分。

多元目标的诞生

——一位特级教师同青年教师的对话①

这位青年老师备课的内容是义务教育课程标准实验教科书《数学》一年级上册"认识钟表"。一开始她就兴致勃勃地给我讲了她打算利用多媒体教学，做很多课件，展示各种各样的钟表，钟表的指针可以活动，非常精致，用来教学生认识钟表。我不忍心地打断了她的话，问她："这节课的教学目标是什么？"她很坦率地说："胡老师，我还没写呢！不过，我知道要让学生认识整点和半点。"我又问她："你知道《数学课程标准》中规定的多元教学目标吗？"青年教师回答说："知道，那我再安排一些数学游戏和思考题吧，但是，要完成四方面的教学目标，一节课的时间不够啊！"这时，我们又打开课本。课本在"认识钟表"这一部分安排了"小明的一天"，呈现了代表小学生日常生活的起床、上学路上、在课堂上、午餐、课外活动和睡觉六幅情境图及钟面上表示的时刻。这就说明我们要联系学生的生活帮助学生认识钟表。我问她："你们班有同学认识钟表吗？"她说："一半以上都认识。"那就可以利用学生已有的生活经验了。怎样激发学生体会认识钟表的必要性呢？青年教师有了好主意。她说："我把课件中的钟表附上背景，家庭房间内的钟，学校大厅墙上的钟，火车站门前的钟……在具体情境中使学生体会到认识钟表会给生活带来很大方便，激起学生学习的积极性，我利用课本中的情境图，让学生在小组内互相说一说'这是几时'。在全班交流时，我要请同学说一说他是怎样看出这是 6 时，这是 7 时半的。"我情不自禁地说："这样学生不仅能认识 6 时、9 时半，还可以类推到 7 时、9 时……12 时；7 时半、9 时半……12 时半，使学生初步接触抽象、概括、推理等数学思想。"我们俩越说越兴奋。青年教师说："我还想联系我们班学生生活的实际，他们正好上午 8 时上

---

① 胡光锑. 多元目标的诞生：关于备课的一段对话 [J]. 人民教育，2004（z2）：21.

课，11时半放学，下午1时上课，3时半放学，让学生在自己的学具钟面上拨一拨。"我也出了一个主意："在最后，你可以让学生拨到7时半，再问一问学生早上7时半他们一般在干什么（一般在上学路上），晚上7时半他们一般在干什么（一般随父母看'新闻联播'后的'天气预报'），这样有利于培养学生的时空观念。"青年教师接着说："我还可以利用课本上最后那幅情境图，让学生说一说太阳大约几时升起，几时落山。"这样你一句，我一句，我们互相启发，不知不觉夜幕降临，青年教师告辞了。她高兴地说："我知道怎样备课了。您明天能不能来听我这节课？"我欣然答应。第二天，我如约走进课堂，青年教师显得很轻松，同学们非常积极，课堂气氛十分愉悦。

下课了，青年教师走到我跟前，告诉我："时间一点也不紧，我知道怎样制订和实施多元教学目标了。"她高兴地把我送出校门。我走在路上，心里想：我们教师只要充分认识到实现数学课程的基本出发点是促进学生全面发展，在备课时要有实现整体目标这根弦，就会发挥自己的聪明才智，挖掘各方面的教学资源，组织有效的教学活动，促进学生的全面发展。

2. 掌握陈述教学目标的技术

在教学目标的陈述上，历来有普遍性目标取向、行为性目标取向、生成性目标取向、表现性目标取向的分野，也就有相应的描述内部心理过程的方法、描述外显行为的方法以及内部活动与外显行为相结合的描述方法。教师可以根据教学内容的特点和教学任务是否可能量化的具体情况，灵活处理。从新课程的课程标准提出的要求来看，教学目标的陈述应该注意以下几点：

•分清两类陈述的方式

课程目标陈述的基本方式可以分为两类：一是采用结果性目标的方式，即明确告诉学生学习结果是什么，所采用的行为动词必须明确、可测量和可评价，这种方式指向可以是结果化的课程目标，主要应用于"知识与技能"领域，如"能在地图上识别不同的地形""举例说明支持某一观点的证据或事实""说出自己喜欢或不喜欢的音乐作品"等。二是采用体验性或表现性目标的方式，即描述学生自己的心理感受、体验，或安排学生以表现的机会，所采取的行为动词往往是体验性的和过程性的，这种方式指向无须结果化的或难以结果化的学习内容，主要应用于"过程与方法""情感态度与价值观"领域，如"用不同的物体和方法制造声音，描述自己对这些声音的感受""阅读自己喜欢的作品，收藏自己喜欢的书籍资料"等。

• 明确目标行为的主体

由于课程标准检验的是学生的学习结果有没有达到预期的目标，而不是评价教师有没有完成某一项工作，因此课程标准的陈述必须从学生的角度出发，陈述行为结果的典型特征，行为的主体必须是学生，而不能是以教师为目标的行为主体。这与原先教学大纲的陈述方式是不同的，因而我们习惯采用的"使学生……""提高学生……""培养学生……"等方式都是不符合目标的陈述要求的。尽管有时行为主体"学生"两字没有出现，但也必须隐含于其中。

• 把握四个基本的要素

一般认为，行为目标陈述的基本要素有四个：行为主体、行为动词、行为条件和表现程度。如"在与同学的交往中（行为条件），学生（行为主体）能复述（行为动词）他人的主要观点（表现程度）"。当然，并不是所有的目标呈现方式都要包括这四个要素，有时为了陈述简便，省略了行为主体或行为条件，前提是不会引起误解或多种解释。

• 选好刻画行为的动词

各种课程标准都列举了一系列的行为动词来分别描述课程与教学的结果性目标和体验性目标，这些行为动词表现了不同层次的学习结果。教师要根据课程标准对不同教材内容应达到的要求，恰当选择行为动词来明确地表述应达到何种结果，以加强教学设计的可操作性和教学质量的可测度性。

• 说明结果产生的情形

这主要从两方面对结果产生的情形加以说明。第一个方面是指出结果行为产生的条件，即影响学生产生结果的特定限制或范围。一般的表述有四种类型：一是关于使用手册与辅助手段，如"可以带计算器"或"允许查词典"；二是提供信息或提示，如"在中国行政区划图中，能……"；三是时间的限制，如"在 10 分钟内，能……"；四是完成行为的情景，如"在课堂讨论时，能叙述……要点"。第二个方面是指出学习行为或学习结果所达到的程度，除了行为动词上体现程度的差异外，还可以用其他的方式表明所有学生的共同程度。如假设一道题目有五种解题方案，但作为面对全体学生的标准，不能要求所有的学生都能回答五种解题方案，那么就可以这样来陈述："至少写出三种解题方案""80％的学生都能答出五种解题方案"等。

几例符合要求的教学目标陈述：

例1：

在指认和书写中，学生 能迅速无误地 读出和写出 10 个生字。
　　条件　　　对象　　程度　　　　　行为

例2：

中等生 至少能够举出 3 个具体实例， 说明分数的 3 个 基本性质。
　对象　　　　　条件　　　　　　行为　　　程度

例3：

复述课文内容， 学生 口述 要具体涉及事情的时间、地点和事情的起因、
　条件　　　对象 行为　　　　　　　　程度

经过、结果。

例4：

在热胀冷缩实验中， 每个实验小组 要通过正确的实验操作， 填写出实验报告。
　条件　　　　　对象　　　　程度　　　　　　行为

（二）安排教学步骤

教学过程既是一种在教师引导下的认识过程，又是学生主动的、生动活泼的发展过程——教学过程中师生交往互动，共同发展。在教学设计的具体操作中，教学方法的采用、教学媒体的选择、教学组织形式的确定，通常都会纳入程序安排的格局之中，因此要以程序安排为线索，将各种教学策略组织起来，形成特定的模式。可以说，教学步骤的安排就成为教学设计提纲挈领的一项综合性的重点工作。

这里要特别指出，当我们说"教学过程""教学活动程序"或"教学步

骤"时，它可以指一门课、一个单元或主题、教师的一个工作程序或一节课，但无论哪一种过程都具有阶段性和序列性的特点。"教学过程的环节"是指教学活动的运动、变化、发展在时间连续性上所需要经历的基本阶段，即在教师的引导下，学生学习一个相对完整的知识内容所需要经历的基本阶段。

（1）教学过程推进的基本框架

长期以来，我国学者以人的认识活动规律为参照，把教学过程划分为四个阶段：

第一，引导学生获得感性认识；

第二，引导学生理解知识；

第三，引导和组织学生进行实践作业；

第四，检查和巩固知识。

以上四个阶段的划分引申出了一个教学程序安排的框架：感知教材—理解教材—作业与练习—巩固与检查。这种教学步骤显然是针对一个相对完整的知识单元而提出的。当然，教学过程的四个阶段既是相互渗透、相互促进的环节，又具有相对的独立性，而且也并不是每堂课的教学都必须经过这些步骤。教学过程既可以由具体到抽象，又可以由抽象到具体；既可以由认识到实践，又可以由实践到认识。

还有一种教学步骤安排是针对"课"而提出的。我们知道，课的类型决定课的结构。课的类型可分为单一课和综合课。单一课是在一节课内完成一种教学任务的课，一般有新授课、复习课、练习课、检查课以及分析作业课、实习作业课等。综合课是一堂课内完成多方面教学任务的课。课的类型不同，课的结构也不一样。例如，综合课的结构由下列部分组成：组织教学—复习检查—讲授新课—巩固新课—结课。综合课的结构模式是建立在将教学过程划分为感知、理解、巩固、运用、检查等阶段的理论基础上的，因此，五个环节的顺序是教学过程顺序的具体体现，它可以作为课堂教学的基本顺序。

一般来说，各科教学可以依据此顺序确定教学步骤，依次演进。但是，课堂教学的顺序又受教材的逻辑顺序和学生认识顺序的制约。教师在安排教学环节的顺序时可按照这两个"序"，通盘考虑，灵活变通。在课的组成顺序上，既可采用递进性顺序（前后相继，井然有序），又可采用波浪性顺序（波浪起伏，疏密相间），还可以采用螺旋性顺序（将教学内容设计为一个个小循环，使之螺旋上升，逐步升华）或其他顺序。

（2）学与教相互匹配的系列

美国著名的教学设计专家加涅提出的"教学事件与学习过程之匹配"的构想，突出了"为学习而设计教学"的理念，对我们安排教学程序是极富启发意义的。

加涅的这一构想和理念参见下图 3-4。

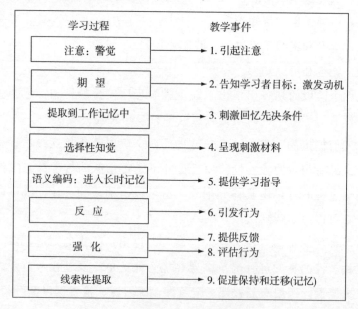

图 3-4　教学事件与学习过程之匹配

（3）广义知识教学的一般过程模型

我国学者皮连生把知识、技能和方式方法的教学统称为"广义知识"的教学，他提出一个包括陈述性知识、程序性知识、策略性知识在内的"广义知识教学"的一般过程模型，如图 3-5 所示。[①]

---

① 皮连生. 智育心理学 [M]. 北京：人民教育出版社，1996：287.

知识的教学步骤

(前几个步骤同右)

学习过程

技能与策略的教学步骤

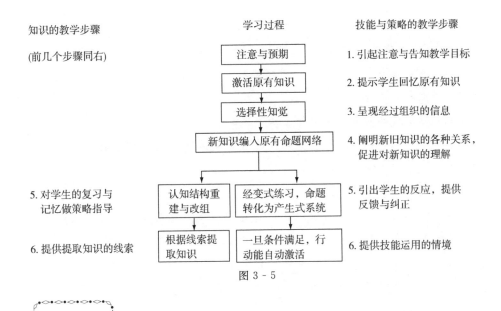

注意与预期

1. 引起注意与告知教学目标

激活原有知识

2. 提示学生回忆原有知识

选择性知觉

3. 呈现经过组织的信息

新知识编入原有命题网络

4. 阐明新旧知识的各种关系，促进对新知识的理解

5. 对学生的复习与记忆做策略指导

认知结构重建与改组

经变式练习，命题转化为产生式系统

5. 引出学生的反应，提供反馈与纠正

6. 提供提取知识的线索

根据线索提取知识

一旦条件满足，行动能自动激活

6. 提供技能运用的情境

图 3 - 5

事例点击

"圆柱、球的认识"的教学过程①

"圆柱、球的认识"的教学，教师可从实物分类入手，揭示教学主题。

教师出示装有实物的袋子，把袋子里装的物品倒在讲台上，让学生站在讲台上，让学生看到皮球、乒乓球、圆柱形的药瓶和易拉罐以及大小不一的长方体、正方体盒子等。仔细观察一段时间之后，教师布置学生相互讨论，怎样按照形状的差别把这些物品区分开来，并请学生上台分给大家看一看。当学生把已认识的长方体分为一类、正方体分为一类、药瓶和易拉罐分为一类、球作为一类时，教师左手拿药瓶，右手拿球，对学生说，这两种物体的形状特征，就是我们今天要学习的知识。

教师板书课题后，按"直观认识，感知形体""初步抽象，认图识形""组织游戏，巩固感知"这三个步骤来安排教学活动。

一、直观认识，感知形体

1. 认识圆柱体

师：（举起圆柱体模型）这就是圆柱体（板书：圆柱）。讲台上哪些物体

---

① 黄育粤.《圆柱、球的认识》教学过程 [J]. 湖南教育，1995（4）：36-37.

的形状和它一样？

生：（上台操作）罐头盒、易拉罐、蜡纸筒和它一样。

师：对，这些物体的形状和圆柱体相同。你们能不能从自己的学具中取出形状是圆柱的物体？

生：没削过的铅笔、小电池、清凉油盒等。

师：小电池是圆柱体吗？大家想一想，看看周围还有哪些物体的形状是圆柱体。

生：汽油桶、水管、笛子、接力棒等。

师：对，同学们想到的这些物体都是圆柱体。现在请大家摸一摸手中的圆柱体，有没有平平的面，请指出它在哪里。

生：有两个平平的面。竖着放，上下各一个面，横着放，左右各一个面。

师：大家再摸摸弯曲的部分，粗细一样吗？

生：（摸摸各自的圆柱体）一样。

师：圆柱体有两个面都是圆形，大小一样，中间粗细一样。现在请大家讨论一下，粉笔、蜡笔是不是有圆柱体的这些特征。

生：（讨论后）粉笔不是圆柱体，未削过的铅笔是圆柱体，截断头的蜡笔是圆柱体。

2. 认识球体

（施教程序、提问方式与认识圆柱体相同）

3. 辨别圆柱和球

师：我们已经初步认识了圆柱体和球体。现在我把圆柱体和球体混在一起，你们能很快指出哪些是圆柱体，哪些是球体吗？

师：请同学们把几个球体的学具垒起来，好垒吗？

生：（动手实践）不好垒，容易滚下来。

师：我们用课本、文具盒做个斜面，把圆柱和球放在斜面上，然后松手，会出现什么情况？

生：球形的东西容易滚下来；圆柱形的东西躺着才能滚动，立着的时候只能滑下来。

二、初步抽象，认图识形

教师说：同学们，我们已经能识别许多圆柱、球的实物形体了，这两种形体怎样用图来表示呢？请看投影。接着，教师按以下顺序呈现幻灯片：

1. 呈现实物图：罐头盒、圆水桶、篮球、玻璃球。

2. 抽出实物图：呈现直观图，图上有许多线条和小黑点的阴影，表示暗的部分。

3. 抽出直观图，显示几何图，用实虚线表示。

演示完，教师小结：今后不论什么物体，不论它的大小，只要形状跟刚才我们看到的几何图形一样，我们就说它的形状是圆柱体或球形。

三、组织游戏，巩固感知

1. 举牌游戏。把圆柱、球、长方体、正方体和不规则形体混在一起放在讲台上，指名学生用手帕蒙住双眼，先摸出一个物体，后说出形体名称，或先说出形体名称，然后去摸。其余同学做裁判。对的举绿牌，错的举黄牌。

2. 同桌同学一人说形体名称，另一人闭眼在自己的学具里摸，轮流做两次。

3. 做一做，如果有一个很重的长方形物品，要在平坦的路面上移动，下面垫什么形状的物体滚动较方便，省力。动手用文具盒、铅笔、玻璃球等做模拟，试一试。

完成上述三个步骤后，教师请学生翻开课本，说说课题是什么，告诉他们课题旁边的（2）是表示第二课时。看主题图后，教师让学生回答书本上提出的两个问题。看第二幅图时，教师让学生动手做一做：哪些东西的形状是圆柱，哪些东西的形状是球，哪些东西既不是圆柱也不是球，把它们标记出来。

这是一个数学概念教学的课例。整个教学设计层次清晰，井然有序，从激发兴趣的游戏到具体物件的感知，再到逐步的抽象概括与深化巩固，完全符合学生在课堂学习中的心理活动规律。整个设计贯穿着学生的活动和自主的意义建构，学生获得的知识深深根植于学生已有的经验系统和认知结构中。这一教学设计还很好地运用了任务分析的技术。

（三）选择教学方法

教学方法是师生在教与学双边活动中为了有效完成一定的教学任务所采用的方式和手段的总称。它既包括教师的教法，又包括学生在教师指导下的学法，是二者的有效组合。

1. 教学方法的多种类型

教学方法的种类很多，分类的体系也很复杂，比较有代表性的有如下几种：

按教学方法的形态分，可以分为以语言传递为主的方法（包括讲授法、谈话法、讨论法、读书指导法等）、以直观感知为主的方法（包括演示法、参观法等）、以欣赏为主的方法（包括体验法、鉴赏法等）、以引导探究为主的方法（包括尝试法、发现法、研究法等）。这是我国一般采用的分类法。

按教学活动的方式分，可以分为揭示型教学方法（包括示范、呈现、展示、口述等）、自主型学习方法、共同解决型教学方法（包括教学对话及课堂讨论等）。这是日本学者佐藤正夫的分类法。

按照学习刺激的类型分，可以分为呈现法、实践法、发现法、强化法等。这是美国学者拉卡斯的分类法。

按照教学方法的功用分，可以分为组织和实施学习认识活动的方法、激发学习和形成学习动机的方法、教学中检查和自我检查的方法。这是苏联学者巴班斯基的分类法。

2. 教学方法改革的趋势

随着世界范围内的课程与教学改革的不断深入，教学方法的改革也出现了新的走势，以下五个方面很值得我们注意。

• 互动方式的多边性

多边性主要是指现代教学方法不再局限于传统的单向传输和双向活动，而是强调教学是一种多边活动，提倡师生、生生、师师之间的多边互动。

• 学习情境的合作性

现代教学方法越来越强调教学中各动态因素之间的密切配合。这种合作不仅是为了集思广益，相互切磋，提高学业成绩，而且是为了培养学生的合作意识与行为，形成良好的非认知品质，适应教育社会化的需求，培养现代社会所需要的人才。

• 学习情境的合作性

现代教学方法更加趋向于个别适应，因材施教，更加注意增加个体学习参与度，更加注意发展全体学生的潜能。

• 目标达成的全面性

全面性是指现代教学方法越来越重视知识与技能、过程与方法、情感态度与价值观等各种目标的协同达成，强调知、情、意、行的有机统一。教学方法应该充分发挥其多方面的功能，更具有包容性和科学性。

• 选择使用的综合性

综合性是指多法结合，配合使用，以达到最优化的教学效果。在众多的教学方法中，一种方法的优点可能恰恰是另一种方法的不足所在，反之亦然，利用各种方法之间的互补性，配合使用，定能取得好的效果。

3. 教学方法的选择与运用

关于教学方法的选择原则，国内外的认识比较一致，那就是：无论选择和运用何种方法，都要根据教学的目的和任务，本门学科的内容特点，教学活动的规律及教与学的实际情况，重视教学方法的整体功能、综合运用和优势互补，坚持启发式的指导思想，注意灵活机智地运用教学方法，处理好细节的变化。

教学方法的运用，是指在特定教学情境中怎样把选定的方法组合起来，变成一种行动的结构，教学方法的应用要注意以下几点：[①]

• 要发挥教学方法的整体功能

教学方法的应用，一要考虑充分发挥由教师、学生和课程构成的教学的

---

① 黄甫全，王本陆. 现代教学论学程［M］. 北京：教育科学出版社，2003：321.

整体功能，使整体大于部分之和；二是要注意发挥出不同教学方法构成的综合效应，使各种方法有机配合，形成相互协调的有机联系的方法组合。

• 要坚持启发式教学指导思想

启发式是相对于注入式而言的，它既是一种方法，又是一种教学指导思想。启发式是指教师从学生的实际情况出发，把学生当成学习的主体，应用各种方式、方法调动学生学习的积极性和主动性，引导学生通过自主积极的学习活动去掌握知识，形成技能，发展能力，引导学生学会学习和发展个性。

• 要坚持灵活性，渗透教育机智

教学是一种艺术，尤其是教学方法的运用，更是一种艺术创造。在充满生命活力的课堂上，教师不可能照搬那些关于教学方法的训诫和教条，更不能在条分缕析的方法谱系中去寻找应对复杂性情境的处方。古语云：运用之妙，存乎一心。因此，我们习得教学方法时，应当特别注重对它的创造性运用。

4. 教学组织形式的变化

教学方式、方法常常与教学组织形式联系在一起，如个体学习一般采取自主学习的方式，小组学习常采用讨论与对话的方式等。所谓教学的组织形式，是指用什么形式或者较为稳定的关系将学生组织起来从事教与学的活动。它涉及师生的互动方式、特殊的时空安排以及其他教学要素的某种组合。一般来说，以班级授课制为特征的课堂集体教学仍然是教学的基本组织形式。但即使是课堂集体教学，其形式也是多种多样的。例如，以教师解释说明为主来达到教学目的的讲解形式；以教师提出较多的适当的问题为主的问答形式；将班级划分为若干个小组，让学生在小组内通过交谈来获取知识的小组互动合作形式；按课题呈现教材、组织讨论和得出结论，从而掌握知识的讨论形式。

从新课程的教学实践来看，各种教学的辅助形式（如活动教学、现场教学、分层教学、个别化教学等）正在成为课堂集体教学的重要补充。教学组织形式的变革也出现了一系列新的特点，概括起来就是：课堂教学与实践活动、综合性学习相匹配；集体教学与个体自学、小组合作学习相融合；同步教学与分层递进、分类指导相兼顾；常规教学与个性化学习、开放性学习相统筹。

（四）运用教学媒体

所谓教学媒体是指直接加入教学活动，在教学过程中传输信息的手段。从某种意义上说，有了教学活动，就有了教学手段和工具。传统的书本、黑板以及随后出现的幻灯机、投影仪、电视机等教学媒体在教学中主要是发挥教学手段的作用，辅助教师传递教学的信息。目前迅速发展的多媒体技术、虚拟现实技术、人工智能技术等不只是单纯的教学手段，它们还可以为学生创设多种学习环境，提高学习的效率，可以作为学生的认知和学习工具，培养学生的思维能力和解决问题的能力。因此，在现代教学中，媒体发挥着越来越重要的作用。

由于不同教学媒体的特征不同，各种媒体都有自己的优缺点，不存在对任何教学目标都最优的"超级媒体"，换句话说，没有一种媒体能对任何学习目标和任何学习者发挥最佳的作用，因此就有了媒体选择的必要性。所谓教学媒体的选择是指在一定的教学要求和条件下，选出一种或一组适宜可行的教学媒体。[①]

1. 教学媒体选择的基本原则[②]

教学媒体的选择是一项比较复杂的工作，原因在于它涉及很多的影响因素，既有来自教学目标、教学活动、教学内容和教学方法选择方面的影响因素，又有来自学习者的特点、教师态度、技能方面的影响因素，还有来自管理方面的影响因素，如实施教学的地点、对象、时间、资金和可行性等因素，还有教学环境因素的影响，如教学的空间、光线等。因此，媒体的选择是在综合考虑众多影响因素的基础上做出的谨慎抉择。

---

① 何克抗，郑永柏，谢幼如. 教学系统设计［M］. 北京：北京师范大学出版社，2002：123.
② 何克抗，郑永柏，谢幼如. 教学系统设计［M］. 北京：北京师范大学出版社，2002：123.

●目标控制原则

教学目标不仅规定教师进行教学活动的内容和方式，指导学生对知识内容的选择和吸收，还决定媒体类型和媒体内容的选择。以外语教学为例，让学生掌握语法规则和要求学生能就某个情境进行会话是两种不同的教学目标。前者往往通过文字讲解并辅以各种实例来帮助学生形成语法概念；后者则往往通过反映实际情境的动画和声音使学生在具体的语言环境中掌握正确的言语技能。不同的教学目标决定不同的媒体类型和媒体内容的选择。

●内容适合原则

学科甚至章节的内容不同，适用的教学媒体也不同。以语文学科为例，散文和小说体裁的文章最好通过能提供活动影像的媒体，使学生有身临其境的感觉，以加深对人物、情节和主题思想的理解。对于数理学科中的某些定理和法则，由于概念比较抽象，最好通过动画过程把事物的运动变化规律显现出来，或把微观的、不易观察的过程加以放大，以帮助学生对定理和规律的掌握。同样是化学学科，在讲解化学反应时最好用动画一步步模拟反应的过程，而在讲解分子式、分子结构以及元素周期表等内容时则用图形或图表的配合为宜。对教学媒体的选用和设计应以适合教学内容为原则。

●对象适应原则

在进行教学媒体的选择和设计时，必须充分考虑不同年龄阶段学生的认知特点，绝不能套用某种固定的、僵化的模式。一般来说，在小学低年级阶段各学科媒体设计的重点应放在如何实施形象化教学，以适应学生的直观、形象思维图式，应多采用图形、动画和音乐之类的媒体使图、文、声并茂。在小学高年级阶段则要把重点放在如何帮助学生完成由直观、形象思维向抽象思维的过渡，这一阶段的形象化教学可以适当减少。在中学阶段则应着重引导学生学习抽象概念，让学生学会运用语言符号去揭示事物的内在规律，逐步发展学生的逻辑思维能力。在初中阶段尽管形象化教学仍不可缺少，但是只能作为一种帮助理解抽象概念的辅助手段。

2. 教学媒体选择的程序

我国学者李克东等人提出的媒体选择的工作程序（见图3-6），将媒体使用目标的确立及媒体的硬件和软件的选择相结合，比较全面地反映了媒体选择的各个方面，对媒体选择具有一定的指导意义。

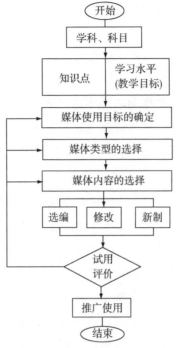

图 3 - 6 媒体选择的工作程序

该媒体选择的工作程序主要分为三个步骤：

第一，在确定教学目标和知识点的基础上，确定媒体使用目标，包括创设情境，引发动机；反映事实，显示过程；示范演示，验证原理；提供练习，训练技能等。

第二，媒体类型的选择。可以借助前述媒体选择的原则和方法进行。

第三，媒体内容的选择。媒体内容是指把教学信息转化为对学习者的感官产生有效刺激的符号成分，具体包括画面资料、画面组合序列、教师的活动、语言的运用、刺激的强度等内容。媒体内容选择可以通过选编、修改、新制三种途径进行。

3.现代教学媒体在教学中的运用

•教学中常用的现代教学媒体

现代教学媒体包括视觉媒体、听觉媒体、视听媒体、交互媒体和多媒体系统。

视觉媒体的显著特点是它的直观性，包括投影、幻灯以及图片、印刷材料、模型、实物等教具。

听觉媒体是指承载并传递声音信息的物质工具，如教学中常用的录音机、唱机、语言实验室及相匹配的软件等。

视听媒体结合了视觉媒体和听觉媒体二者的特点，其主要运用形式有电视和录像、计算机辅助教学及多媒体系统。多媒体计算机系统综合了多种教学媒体的功能和优势，是未来教学媒体的发展方向。

随着电子、通讯、计算机技术的发展，教育技术正在日新月异地变化，现代教学媒体的发展趋势表现为媒体设备小型化、微型化，存贮容量大型化，媒体功能综合化，信息交流国际化，以及媒体使用和制作简单化等特点。

• 现代教学媒体的运用模式①

选用现代教学媒体进行教学的基本模式有三种：

一是辅助式。这种模式的做法是：教师主要借助现代教学媒体，向学生传递教学信息，师生进行交互反馈，媒体通常是作为课堂教学中的辅助手段运用的。它的特点是教师的面授与辅助手段紧密结合。常用的媒体使用方法有两种：演播法和插播法。这是目前教学中最常用的模式。

二是直接式。这种模式的做法是：学生直接向现代教学媒体学习，现代教学媒体对学生的反应做出反馈。该模式一般是在使用程序教学机器学习和计算机辅助教学时采用的，它的特点是"电授"，不需要教师做中介。采用这种模式，对教师的要求主要是编制和提供足够的、优质的成套程序教材。对学生的要求是：要有高度的独立、自主的学习精神。

三是循环式。这种模式的做法是：学生向现代教学媒体学习，媒体主要是通过广播、电视等的声音和图像传递教学信息，主讲教师不（或者很少）同学生直接见面。

采用这种模式，除了要有足够的合格的教学条件外，还要注意通过多种渠道，如采用填写媒体使用调查表、学生作业、考试等，及时获得学生学习

---

① 皮连生. 教学设计：心理学的理论与技术 ［M］. 北京：高等教育出版社，2000：168.

效果和反馈信息，以调整教学内容，改进教学。

• 遵循心理学原理用好教学媒体

选择了最佳教学媒体并不意味着就会产生最佳教学效果。为了获得真正的最佳效果，设计与应用教学媒体必须遵循心理学的基本原理。

一是要遵循注意的规律。没有注意就不可能产生学习。注意的引起与客观刺激物有关，也与主体的主观状态有关。一项心理学研究证明，人们在观察一幅图像时，首先观察的往往是画面的左上角（这可能与文化背景有关），即注意首先集中于画面横竖各三分之一的交叉处。（根据这一规律，在设计视觉材料时，应尽可能把重要内容放在画面观察频度高的部位。）如果重要的内容要安排在右下方，必须使用一定的指示手段（如箭头、着色等）把学习者的注意引向重要内容处。研究还表明，新奇的、变化的、运动的刺激容易引起学习者的注意；复杂程度适中的材料容易引起注意；简洁明了的显示易于集中注意；学习者的目的、动机、期望等也是影响注意产生和维持的重要因素。

二是要利用知觉的特征，包括加大知觉对象与背景的差异，强化知觉的整体性，注意教学材料之间的联系，有序显示材料，按逻辑关系组织材料，注意保持媒体一定的冗余度，等等。

三是要促进学习者对教学信息的理解。教学设计者要对教材的潜在意义进行挖掘，同时要尽可能地使学习内容之间产生联系，使学习材料与学习者的认知结构之间建立联系，从而产生意义学习。在教学媒体呈现教学信息时，应突出一些重要的、关键性的信息，以促进知识的理解和掌握。常用的方法有：删去非主要部分，增加并有选择地强调基本部分，把教学内容的重要部分放在学习的黄金时间和关键位置，即教学单元的开头或结尾等。

运用多媒体获取"替代"经验

学生对于小学语文课本第七册《圆明园的毁灭》一课课文中描绘的圆明园这一"园林瑰宝""建筑精华"较难体会；对于英法联军毁灭圆明园的罪行也难以理解和想象。当教学进行到这里时，一位教师是这样做的：

借图画想象。教师出示了圆明园平面图，让学生观察，弄清圆明园的大概方位及其周围小园的分布，再结合"众星拱月"的理解远观图画，分辨哪是月，哪是星。在此基础上，让学生借图想象，体会圆明园的宏伟壮观。

借音乐想象。教师指导学生朗读第三自然段，在理解"金碧辉煌""玲珑剔透"等词语的基础上，配乐朗读这一段。学生微闭眼睛，边听边想象，跟随着乐声，思绪从热闹街市的喧哗声到清脆的泉水叮咚、流水潺潺声，到鸡鸣犬吠声，音乐把学生带入所创设的情境中。然后，让他们自己选择感受最深的一点，以"我仿佛进入金碧辉煌的殿堂……"或"我好像来到风光秀丽的山乡村野，看到……"等句式为开头练习说话，以领略圆明园景观的辉煌。

借影视想象。"侵略者是怎样毁灭这座艺术宝库的——1860年10月6日，英法联军侵入北京，闯进圆明园——"随着低沉、悲愤的"旁白"，教师放映了电影《火烧圆明园》中侵略者"抢掠""毁坏""放火"等片段，然后让学生说说侵略军抢掠、毁坏这座艺术殿堂的镜头，结合对课后练习第二题的理解，谈谈从中体会到什么，以加深对侵略者野蛮、强盗行径的认识。

凭借学生的现有经验，他们很难想象当年圆明园的壮观，并认识侵略者的罪行。这个课例中教师运用了声、像等媒体，调动和组织学生的表象储备，凭借教师提供的替代经验，使学生既理解了语言文字，又发展了智能，还受到了思想教育。

（五）编制练习作业

练习作业与教育活动的其他各个方面有着密切的关系。它既是教师教学活动的一个重要环节，又是学生学习过程中的一个重要组成部分。练习作业对于学生巩固和运用知识、形成能力以及增强学生的自主性和责任感，都有重要的、不可替代的作用。苏联教育家巴班斯基在谈到教学最优化和减轻学生负担时，告诫人们"不要取消作业"，而是要"从一道练习作业中取得最大可能的效果"。但是，也应当看到，传统意义上的练习作业，在新课程背景下必须加以改进。

1. 练习作业的功能

审视传统练习作业的弊端，目的是重新认识练习作业的功能，把对作业的看法作为教育观念更新的重要一环重新定位。

练习作业要从只强调巩固知识、加深理解、形成熟练的作用，走向让学生在作业中获得经验和体验，习得策略和方法，自主建构知识。

练习作业要从只重视在教师的指引下掌握和运用教材知识的基本能力，走向促进学生主动参与，乐于探究，勤于动手，发展学生收集和处理信息的能力、获取新知识的能力、分析和解决问题的能力以及交流与合作的能力，要更加关注学生创新精神与实践能力的培养。

练习作业要从只注意课业任务的完成，走向全面关心学生的成长发展，要使练习作业在形成学生积极的情感态度和价值观、优良个性品质以及主体精神和健康人格方面发挥更大的作用。

2. 设计练习作业的要求

练习作业的设计一般要经历以下环节：

确定目标和内容——确定重点项目、难易程度——确定形式、种类和数量具体编制——检验修订。

作业的设计因课程、单元教学内容、知识类型、学生基本情况不同而异。教师要根据学科特点，精心勾画作业的轮廓，设计具体的作业内容。为此，要遵循以下一些要求：

目的性和针对性。教师进行作业设计时，首先要确定作业达到的目标，围绕目标选择和编制习题与练习。同时，教师要认真钻研教材，把作业作为教学活动的一个组成部分，结合所教班级学生的实际情况设计作业。题目类型不同，目标也不同，教学的阶段不同，确定的要求也不同，练习作业的设计应具有针对性。

系统性和层次性。作业的设计要瞻前顾后，全面分析教材内容的结构和要点，使练习具备完整性和连续性，让学生能得到系统的复习和训练。同时，作业设计还要突出层次性，使各类不同学习水平的学生都能得到发展。

全体性和适度性。教师设计作业时，必须面向全体学生，力求优等生"吃得饱"，中等生"吃得好"，后进生"吃得了"。练习的分量、次数、时间、难易程度都要顾及学生的实际情况，使他们能够有时间和精力完成。

启发性和多样性。作业设计要突出启发性，有利于调动学生学习的积极性，激发其强烈的求知欲望；有利于启发学生积极思维，使学生通过作业受到启示，从而掌握方法或悟出规律；有利于突出学生的主体地位，使学生通过作业能够独立思考，深化对知识的理解。作业设计还要注意形式的多样性，尽力做到灵活多变，变中求活，以引起学生的学习兴趣，激发学生的学习热情。

诊断性和补救性。教师设计作业时，要使作业具有诊断性和补救性，达到了解学生和帮助学生学习的目的。这就不仅要有一个完整的基本练习设计，还应当有一些备用的、机动的作业，以便及时布置给学生，达到补救的目的。

在教学设计中还有一个重要的工作就是学习评价。按照教学设计的系统观，教学目标与学习结果的检测项目必须对应匹配，并且以目标的达成度作为评估教学效果的主要依据。因此，从编制教学目标开始，就应当对学生的学习评价有一个相应配套的构想，随着教学设计的步步展开，对学生学习的诊断性评价、形成性评价和终结性评价也会贯穿教学设计的各个环节。为了达到教学目标和调控教学活动，还必须善于运用各种评价方法和技术，充分发挥学习评价这一反馈调节机制的作用。有关学习评价方法，我们将专门讨论，这里不再赘述。

3. 练习作业的设计

练习作业的设计是教学设计的重要组成部分。纵观国内外的练习作业设计，已经在许多方面出现了明显的变化。当然，一种转变并不表明对原有东西的拒绝，转向只是一种扬弃和发展。

这些转变的走向主要表现为：从盯住课业转变为关注发展；从统一要求转变为分层引导；从刚性控制转变为弹性选择；从独立完成转变为协同合作；从静态分离转变为动态参与；从机械训练转变为探究创新；从量性评价转变为质性评价。

目前，练习作业设计在类型和形式上都有一些创新。练习作业的类型有以下几种：

摸底型：这是一类为了解学情而设计的诊断学生基本情况的作业。

尝试型：可以说这是一种为学习提供准备的作业，有时也为学生进一步的自主学习和发现学习做好铺垫。

习得型：这是基于教材，为使学生掌握知识与技能、习得方法而设计的基本练习作业。

分层型：针对不同学习水平的学生设计的分层次的练习作业题。

践履型：主要是学生需要实践才能完成的作业。

综合型：可以是单元内的小综合训练，也可以是学科或学科间的大综合训练。

研究型：这是属于进行自主探究和合作的研究性作业。

事例点击

一、运用"变式"练习①

教学王安石写的《梅花》一课，教师在引导学生读懂全诗的意思之后，便进行了多种形式的训练，其中一项是按四张卡片的不同排列让学生变序口述。如：

（1）按"地点"→"什么"→"时间"→"怎么样"的顺序说句子。（在墙角有几枝梅花，迎着严冬的寒冷独自开放了，远远地看到一片白，就知道不是雪，因为有淡淡的清香飘过来。）

（2）按"时间"→"地点"→"什么"→"怎么样"的顺序说句子。（在寒冷的冬天，墙角的几枝梅花独自开放了，白得像雪，有阵阵清香送来。）

（3）按"时间"→"什么"→"地点"→"怎么样"的顺序说句子。（在寒冷的冬天，几枝梅花在墙角独自开放了，像雪一样白，有阵阵的清香送来。）

（4）按"地点"→"时间"→"怎么样"的顺序说句子。（在墙角，寒冷的冬季，几枝梅花独自盛开，远远看去一片雪白，还有香味飘过来。）

教师根据王安石的诗《梅花》的内容，离析出"地点""什么""时间""怎么样"四要素后，用调换四张卡片的方法，让学生灵活地变换语序做组句的灵活性训练，确实是独辟蹊径的设计，其训练的趣味性和成效性，应当说也都是相当出色的。

---

① 周一贯. 语文教学优课论［M］. 宁波：宁波出版社，2002：217.

二、设计"另类作业"①

1. 兴趣发展作业

这几年来，我们针对不同类型的学生布置过许多兴趣化作业。譬如课本剧编写、相声小品创作、影视作品赏析、地方风俗研究、青少年新语言汇总等。我们发现一位同学十分喜爱看动画片，说起来头头是道，但不爱写作，我们就让他利用假期做了一个"中外动画片比较研究"的"迷你"课题。他十分认真，写了一万多字，后来还获得了奖励，他自己也渐渐迷上了写作，还成了一名"小记者"。

2. 活动作业

我们曾布置过"五个一"计划："游一处名胜古迹（拟写导游词）、和父母做一次深刻的谈话（写谈话记录）、看一场有意义的电影或者戏剧（撰写一篇小评论并参加市报纸的征文比赛）、帮助弟弟妹妹或者其他小朋友学写一篇作文、给老师写一封信（必须实寄）"，这次活动作业很好地锻炼了学生的作文能力，得到家长的一致好评。后来的几年，我们在此基础上进行了完善，去年还进行了一次"幸福生活从哪里来"的小型"迷你"课题调查研究，行动方案还获得了省级奖励。

3. 个性化作业

"为古诗配画""本月我当家""购房理财计划书""我为学校规划未来"，还有学生自己动手制作的知识卡片、剪纸和手工艺品……个性化家庭作业不仅提高了学生的学习兴趣和实践能力，而且改变了老师传统的教学方式和学生的学习方法，促进了教与学两方面的变化。

三、注重课外延伸

特级教师董建奋在教学《赵州桥》一课时就设计了一则与课外延伸活动相关的创造性作业：

绍兴是著名的桥乡，有很多形状不同、建材各异的桥，其中很多桥还有着动人的故事。学了《赵州桥》以后，请在你家附近选一座桥做调查记录：

---

① 孙朝霞，程东文. 寒假作业其实可以这样布置 [N]. 中国教师报，2003-1-22.

1. 桥名、位置、建造年代；

2. 桥的形状、材料，有什么特点；

3. 桥各部分的数据，如高、长、桥面宽、跨度等；

4. 有关这座桥的故事；

5. 画一幅桥的立面图。

把以上材料整理成一篇案例研究报告。

练习作业设计把课内课外连为一体，不仅拓宽了学生自主活动的空间，有利于形成自觉复习、巩固和运用知识的良好习惯，同时为学生创造性学习提供了机会。

四、 教学设计留意后期工作

设计一堂好课的后期工作，主要是在前期运作的基础上，做最后的决策处理，使之更加完善和利于实施。一般来说，通过系统化的构想和谋划，教学设计最终都要形成一个有利于教师进行教学操作的文本——教学计划。编撰教学计划（包括学期、单元、课时计划）的过程，是进一步研究学生与课程，使教学方案不断贴近实际、更有效地促进学生学习的过程，也是教师理清思路、抓住关键、深化认识和自我提高的过程。

（一）调整预案

作为一种创造性很强的工作，教学设计不可能一蹴而就。一个优秀的教学设计方案的形成，总是伴随着教师潜心的推敲、研究、修订而逐步臻于完善。这一工作，在当代著名教学设计理论家迪克和赖泽的"系统化备课"中被称为"教学调整"。当然，这种"教学调整"既有对备课计划的修订，又包括上课后从过程与结果两方面进行的反省和改进。迪克和赖泽把"教学调整"

看成"教学过程基本成分中一个积极的、建设性的环节"。①

1. 对教学方案进行自我评价

实际上，在系统化的教学设计中，应当有对教学方案的自我评价这项重要工作。正如我国研究者所说，在新课程理念下，教学设计的功能与传统教案的不同之处在于它不单单是上课的依据。教学设计，首先能够促使教师去理性地思考教学，同时在教学元认知能力上有所提高，只有这样才能够真正体现教师与学生双方共同发展的教育目的。为了实现这一功能，教学设计的自我评价便成为教学设计的一个极为重要的因素。

如果我们把教学设计作为一个系统来看，那么它是一个在开发、设计、利用和评价四个方面全面研究学习过程与学习资源的理论与实践。在时间上，教学设计分为三个时间段，即课的准备设计、课的实施中的再次设计（即兴发挥和创造）、课后的反思性的设计修正。对教学设计进行评价，这是教师的一项不可或缺的元认知活动。

2. 评价方案的两条途径

教学设计的评价可以通过两条途径来进行。一是在设计完成之后或设计实施之前，对自己的设计进行预测，这样能够帮助设计者在设计的实施过程中更好地应对各种突如其来的教学事件，更好地在教学活动中进行设计的二度创造。二是在教学活动之后进行的教学设计的评价，其目的在于通过实践检验设计的得与失。只有通过这样的反思性评价的设计，才是一个完整的、成熟的和有效的设计。所以，我们说现代教学设计不是封闭的和一成不变的，它是在时空上更具有开放性和灵活性，也更具有先进性的设计。

（二）理清主线

为了使教学设计更符合教学活动的实际，新课程的教学设计并不要求将教学中的一切事件都罗列出来，事实上，当我们将课堂上的每个细节（甚至每次问话和预期的问答，每个结语与教师设想的评议等）都预订出来时，这不仅意味着无视课堂教学的生成性和充满生命活力的学生的存在，也是在作

---

① 盛群力，褚献华. 现代教学设计应用模式 [M]. 杭州：浙江教育出版社，2002：209.

茧自缚。因此，教学设计只有凸显操作的主线，明确全过程从哪里切入，怎样展开，怎样深入，达到什么目的，才能做到在课堂教学中既脉络清晰，不枝不蔓，又能收放自如，游刃有余。

教师在分析学生和分析教材的时候，确定怎样提纲挈领，从哪个角度抓住教材的文眼以调动学生的学习积极性和活跃学生思维，这是很重要的。正是由于同文本对话、获得文本的意义并非只能从一个刻板的话题开始，这才为教师留下了极为广阔的创造空间。教学设计中的殊途同归更能够说明理清教学思路的重要性。

下面以《草船借箭》为例，看看同一篇课文的不同教学思路。

《草船借箭》的三种不同教学思路①

多次听优秀教师、特级教师教《草船借箭》，他们对切入点的选择各具特色，异彩纷呈。如有的从课题中的"借"字切入，围绕"借"字，以"借"识"妙"，"借"中得趣，形成的教学思路是：

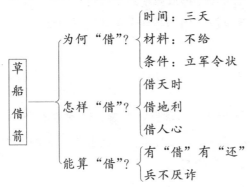

有的从"箭"突破，物中见意，形成的教学轨迹是：

（周瑜）	（诸葛亮）
以箭害人	以箭服人
三天时间	识天象
立军令状	晓地利

---

① 周一贯.语文教学优课论［M］.宁波：宁波出版社，2002：74-75.

不给材料　　　　　　　　　　　　　知人心

妒忌━━━→斗智━━━→神机妙算

还有的以"神机妙算"这一关键词语为突破口，围绕"算"字逆向揭示诸葛亮的足智多谋和料事如神，使周瑜不得不叹服。其教学程序如下所示：

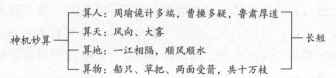

教学设计是为教学操作服务的。在实际的课堂教学中，教师只有用教学的主线去串起各种教学事件，去驾驭不断发生的新情况和新问题，才能真正实现教师引导和组织的作用；教师也只有在明确主线的情况下，才说得上对自身教学活动进行监控和调节。为了更好地凸显教学操作的主线，教师在进行教学设计时，一般可以凭借三种提示性的工具：

一是勾画教学流程的框架图，把主要的教学事件框出来，然后将它们排成序列，以免教学时忘了主要操作环节；

二是凭借主板书的设计和顺序书写，形成教学不断推进的脉络；

三是以多媒体课件的形式，呈现教学内容和教学活动展开的整个过程。

（三）撰写文本

教学设计最终要形成实践性教学文本，即写成教案。教案是教学设计成果的展示，撰写教案是教师的一项基本功。要使教案成为教师成长的助推器，就应当对教案的内容和形式进行必要的改革。

撰写教案要注意些什么呢？

教案撰写要体现系统化教学设计的理念，把主要精力放在教材把握、学情调研、教法改进、实践反思上，尽量减少费时低效、抄录应检的形式化做法，切实提升备课的质量。

教案应给出的重要内容信息，包括课时、教学目标、教学内容、教学过程、教学策略、教学媒体、教学形式、教学行为等。这些信息是课时计划（教案）的基本要素，也是构成教案的基本架构。教学目标的叙述应简洁、准确和精练，概括性强，包括对象、行为、条件和标准四个要素。对于学习目标的具体描述，只要用动宾短语来说明与学生目标相对应的学习行为就可以了。教学过程设计应体现以教导学、促学的性质，具体目标、例题（文）讲解、启发提问、尝试练习与家庭作业等应匹配一致，流程的表达也可详可略，但有的内容（如引用的相关资料、开发的课程资源、补充的新知识信息等）则要详细一些。教案中其他项目的表述也要简明，需述则述，已经了然于胸或重复说明的话就略去。为了便于对教学程序的清晰了解，在方案的最后可以加上教学流程图和板书设计图，因为这样简洁明了，对于教师的课堂教学帮助最大。

教案的书写格式有多种，概括起来可分为文字式、表格式、程序式三大类。

• 文字式

文字式教案分详案和略案两种。文字式教案一般由六部分组成：课题名称，教学目标，教学重、难点，直观教具，板书计划，课的过程。课的过程包括每一节的时间估算，复习旧课（课题和方法），新课引入，传授新课的详细提纲（段落、内容和方法），巩固新教材（内容和方法），布置课外作业（内容和要求），测试（测试题）。

• 表格式

教案最为常见，如下表 3 - 2：

表 3 - 2

课题名称		课型	
教学方法		教具	
教学目标			
重点、难点、关键点			
教学过程		板书设计	
作业			
教学后记			

表中在栏目设置和位置安排上可根据具体情况做适当调整，要求清楚，简明，使用方便。

- 程序式

程序式教案是近年来开始推广使用的一种新的教案形式。它具有两个明显的特点：

在教学内容和教学方法统一的基础上，以教学方法记述为主，不重复教材内容，形式简明，对教学过程有及时准确的指导作用；以学生活动情况决定教学进程的速度，通过教学反馈，随时调整教师的教学，从而提高教学质量。

在实际运用之中，除了上述三类基本形式外，还有一些相互交叉渗透的结合形式。

总之，教案的书写形式是为内容服务的，形式要能够反映上课的全部内容。在语言陈述上可以不拘一格，重要的是写出创意，写出特色。

教案的撰写可以因人而异。一般来说，有经验的资深教师可以写得简略一点，缺乏经验的新教师应当详写，详略程度视需要而定。从实际教学的情况来看，教案在实施时只起提示和备忘的作用，它不可能做讲稿。教案最迟在上课前一两周写好，以便有时间进一步熟悉和补充内容，并可防止因特殊情况来不及写教案而仓促上课的现象产生。用笔记本或活页纸编写教案时，应在页边留出修改或补充的空白，不要写得太满。

教案应该由教师个人编写。但为了提高教学水平，集思广益，互相取长补短，可以在个人编写教案的基础上集体讨论，交流编写教案的经验，解决疑难问题，然后由个人进一步补充和修改，使之更加充实和完善。

教案的内容和形式与教学设计的具体目的和用处有关。如果为了同行间探讨、交流而进行设计，则应选择较为详细和较强的理论展现为主要内容和相应的形式；如果是教师本人为了作为上课前对课的理解和策划，则可以相对淡化理论色彩并简化分析要素，更多地关注过程、方法、策略，以及教学流程和板书的设计，后两者的设计虽然在课中还有一定的生成性，但教师对于本课的理解和设计理念实际上是通过它们来传递的。总之，课堂教学设计方案的多元化和创新是我们追求的目标。

第四章

怎样做好一堂课的教学内容设计

教学内容是指什么呢？有的学者认为："教学内容是贮存于一定媒体中有待加工转化为教学目标的信息。"其外延相当于课程改革中提出的"课程资源"的概念。① 其实，在教师的日常用语中，教学内容指向的就是"教什么"的问题，"是各门学科中特定的事实、观点、原理和问题，以及处理它们的方式"。

---

① 王小明．教学论：心理学取向［M］．上海：上海教育出版社，2005：148.

著名教学设计专家加涅在《教学设计原理》中谈到"教学设计是一个系统化规划教学系统的过程"时，特别强调"教学系统本身是对资源和程序做出安排"。要设计一堂好课，就应当特别注意对作为教学内容的资源和作为活动进程的程序做出精心的设计。

一、 教材内容的处理

教材是一部分课程内容的物化形态，是学生借以获得课程经验的中介和手段。钟启泉在《教材概念的界定与教材编制的原则及技术》一文中指出：教材从其总体说，是受学校教育内容制约的。它源于实质性的科学、文化、艺术、生活的各个领域，并以计划的形式表现出来。它包括学生在教师指导下通过学习活动，在心理上和实践上主动地作为普通教育和专业教育的成分加以掌握的物质对象和观念对象。

可以将从不同角度界定的"教材"概念概括为：旨在构成课程而选择出来的、具有文化价值的信息性素材；在教学过程中运用的具有教育价值的信息性素材或选择出来的具体的材料。为了让学生有效地掌握教材中最重要的信息，需要对教材进行适当的处理。

怎样看待、阅读和使用教材①

教材承载着支持教育发展、推进课程改革的使命，是教师开展教学的重要依据，是师生进行教学互动的桥梁和纽带。近年来，随着课程改革和教材研究的深入，中小学教材理念、内容、形式等方面不断更新，受到师生的欢迎和喜爱。然而，并非所有教师对教材都有正确认识和科学的使用方法。笔者认为，要切实提升教材应用品质，教师需要从理念到行动，在对待教材、

---

① 乐进军. 中小学教师如何创造性使用教材 [J]. 中国教师，2019（1）.

阅读教材、加工教材三个方面加以改进和提升。

（一）教师如何看待教材

1. 重新认识教材

一是认识教材的内涵和价值。教材是什么？目前尚无统一界定。通常广义的教材指包括教科书、教辅、教具等在内的各种教学材料。狭义的教材指依据课程标准（或教学大纲）编写的反映学科教学内容的纸质教科书（本文取此定义）。教材文本融合了育人目标、学科目标、教学策略、学习策略、评价要求等内容，具有传达国家教育意志、保障基本教学质量、方便学生学习等作用。

二是认识教材的发展变化。教育随着时代发展而进步，教材也需要不断进行调整，以适应社会对人才培养的要求。在发展进程中，教材大体呈现出三种"面貌"：①规范教学统一体。教材以统一、规范教学为目的，强调学科的系统性、逻辑性以及知识的深广度，突出基础知识、基本技能的传授，呈现出封闭、"独白式"陈述知识的特点。②"教材""学材"统一体。目前，课程从"教的课程"转变为"学的课程"，相应地，教师在使用教材时，要重视学生的学习主体地位，注重与学生对话，使教与学一体化。③课程改革支撑体。随着教育理念、教材理论的发展，当前，教材发挥了支持课程建设、承载学科知识、引导教师教学、促进学生学习、引导学科实践、检测学习效果等作用，功能更加多维，呈现方式更加灵活多样。

三是认识教材的局限和不足。教材有很多优点，但其存在的局限和不足也需要了解和重视，主要体现在以下几对矛盾：①多种对象的矛盾。"众口难调"是教材编写者永远都回避不了的难题。教材既是教授材料，面向有经验的成人、教育者——教师，又是学习材料，面向缺乏经验的青少年、受教育者——学生，两者是差异巨大的"两极"。就学生而言，虽然处于相同年级，年龄相近，但学习状况差别迥异；就教师而言，教学水平和风格也各不相同，除了地域差异，即使在同一所学校，教师的理念、经验等也难免有高下之分。因此，教材使用对象通常只能定位于"一般"的教师和学生。教材供给的相对单一性与使用对象、教学需求的多元性、复杂性，是难以化解的天然矛盾。②多维功能的矛盾。如前所述，教材承载着多维功能，是兼顾诸多需求的

"复合体"。③平面与立体的矛盾。从信息传播的角度看，教材是一种以纸张为载体的平面印刷品，承载的主要是抽象文本和学科符号等信息，对学生的阅读能力和理解水平有高要求，阅读的趣味性相对较低。在多媒体技术和数字阅读快速发展的时代背景下，这种不足越发凸显。④静与动的矛盾。教材改版周期长，发到师生手里的教材更是"一成不变"，这与不断变化的教育要求和快速发展的学科知识，形成了静与动的矛盾。

2. 改进教材观

一是避免走"两个极端"，教师在教育教学过程中要避免走"两种极端"：一种是过分依赖和忠实于教材，"只唯书，不唯实"；另一种是过于轻视教材，盲目脱离或随意改编教材，片面理解教材。教材既无须仰视，又不容藐视。尊重却不盲从，学习又有创新，基于并有超越，才是正确态度。

二是以教材为学习资源。教材传承典型知识和经验，通过教材编写者潜心研究，吸纳教学中的成功案例，精心选材、加工、组织。

（二）教师如何阅读教材

阅读不是简单地看书，面对同样的教材，不同的教师收获可能不同，唯有主动、用心、讲究策略，才会认识深刻，有所收获。

1. 带着预设读

教材是为教师服务的，而不是教师为教材服务。因此，教师在使用教材时应"以我为主"。在翻开教材之前，先自问：如果"我"是编写者，该如何编写本册、本部分内容？选取哪些示例，如何呈现？难点有哪些，该如何突破？等等。教师经过思考，有了初步答案之后，与教材进行比较，体会编者的独到之处，同时让自己有价值的想法清晰地留存下来。

有预设，意味着更主动、有准备、有期望、有需求，沉浸在教材之中，与编写者进行思想碰撞、心灵交流，达到理想阅读境界。相反，只会被教材的文本牵着鼻子走，使自我迷失在字里行间。

2. 对照课标读

教材渗透和传递课程目标。教材是依据学生培养目标、学科课程标准等纲领性文件编写而成的，体现出编写者对教育的认识和课标的把握，这个过程如同完成一篇命题作文，需要将抽象的教学目标和任务具体化、清晰化，具备可行性、有效性，即结合学生的知识基础、能力水平、认知喜好，加工成实实在在的课程内容、活动等。

课标与教材是"根"和"源"的关系，一方面能更准确地把握教学目标，另一方面更易于理解教材的设计和定位，做到"知其然，也知其所以然"，将课标与教材关联起来，有利于从认识上将教材纳入课程体系，而不是游离于课程之外。

除了课程标准，与教材配套的教师用书提供了编写者的编写意图，并对教材内容进行了分析，还提供了教学方式、方法的建议，是编写者与教师沟通的重要平台，同样需要加以重视。

3. 带着质疑读

没有质疑的阅读者，顶多是个信息的"搬运工"。质疑不是盲目否定教材，也不是钻牛角尖，而是着力发掘教材内涵，使阅读更有深度。教师在阅读时，可以带着如下问题：为什么要做这样的调整；为什么是这样，还可以怎样；这句话究竟是什么意思；这个栏目有什么作用；这个例子好在什么地方，还有没有更好的……边读，边问，边找答案，把自己置身于与编写者平等的地位，与他们探讨、辩论，收获无疑会更丰富。质疑的内容应宏观与微观结合，除了推敲细枝末节，还要琢磨宏观框架。

比如，近年来小学一年级语文先学汉字后学拼音，这种新变化的依据是什么，应如何适应和落实，以及在教学中如何借鉴相关研究成果？再如，假定物理、化学、生物等学科中某实验的温度条件是80℃，有心的教师会追问，高一点、低点是否可行，有什么影响？通过查资料、做实验，寻找答案，付出虽然很多，回报无疑更加丰厚。

另外，如同没有完美的教学一样，永远也不存在十全十美的教材。教材中的不足和缺憾，需要教师发现并加以完善，为编写者"补台"。

4. 点面结合读

学科知识具有系统性、关联性，教学也是个系统工程，体现在教材中，学科内、学科间的相关知识，都有其内在的逻辑和线索，或明或暗，或清晰或隐晦。除了阅读当前教材，教师还应比较前后年级教材中的相关内容。这节、单元内容在整个学科内容中居于什么样的地位？与前后内容有什么关联，知识发展脉络是什么？教学中应如何对内容进行切分？学生当前的学习将为后续学习奠定什么样的知识、能力基础？当前应达到什么样的目标？等等。

按照系统论的要求，将系统中的要素有机整合，才可能发挥各自的效能，达到"1＋1＞2"的效果。因此，应整体把握，局部落实，不能"只见树木，不见森林"，也不能"只见森林，不见树木"，应避免断章取义、只顾眼前地使用教材，导致内容交叉、重复等原因形成的低效教学。

5. 多版本比较读

对于有多种版本教材的学科，教师应重视并用好这些宝贵资源，对不同版本教材围绕目标设定、结构框架、组织逻辑、内容选择、难点突破、呈现方式等方面进行比较。通过比较，可以从共性中分析关键知识、教学目标、重难点，从差异中体会教材的创新和特色，以及对师生的要求等。

在对比过程中，教师要将自己"变身"为研究者、评价者，结合具体教情和学情汲取各版本精华，进行灵活取舍、组合，形成契合学情的教学设计，但特别要避免简单"做加法"——个别教师盲目将多版本教材中的内容、范例、习题提供给学生，令学生不堪重负。教师应努力追求"以少胜多"，给自己"加负"，是为了给学生"减负"且"增效"。

6. 着眼创新读

"用教材教"意味着对教材进行创新性使用。教材可看作一个范例，示范的目的是结合实际进行改进和创新。教师在阅读时，要有创新意识，考虑如下问题：这是不是最好的设计，还可以有哪些变化，教学中这个内容该如何处理，等等。

总之，要有创新意识，在吃透教材的前提下，结合自己的经验和智慧，以及学生的实际状况和需要，敢于大胆加工教材。

（三）教师如何加工教材

加工教材，是指教师灵活使用教材，形成教学设计的过程。形象地说，如果将教学比作用餐，教材相当于"半成品"，至多是"大众餐"。要追求个性化的口味和营养，还需要对其进行"二次加工"。所谓教无定法，教师是填补教材普适性与教学独特性之间鸿沟的关键。俞红珍等学者为此提出了教材"二次开发"的概念，即依据课程标准对既定的教材内容进行适度增删、调整和加工，合理选用和开发其他教学材料，从而使之更好地适应具体的教育教学情景和学生的学习需求。

一是设定教学目标。教学是个性化的行为，基于学生学习情况以及长期、短期的教学计划，将其细化到每节、每单元的教学中。同时，根据学生的学习水平，合理设定个性化目标。

二是调整教材内容。教材中有很多"留白"，比如：开放性的问题、未提供结论的探究性问题。教师需要根据教情、学情设计合理的教学内容，采取合适的教学手段、方法，这既是教师的权力，也是教师不可推卸的责任。教师处理教材的方法主要包括增加、删减，修改、替换、组合、拓展等。比如，针对学习能力较强的学生，教师可以在点上深化，在面上拓展，在训练上强化，强调迁移应用，等等。相反，教师则需要合理对知识容量和目标"做减法"，或增加举例、讲解示范，让学生"细嚼慢咽"。处理不是随心所欲，而是科学地分析、把握学情，帮助学生更有效地学习。

三是创设教学情境。"纸上谈兵"永远难以让学生获得真知，有效的教学一定是情境化的。教师需要对凝练、抽象的教材进行加工处理，让抽象内容形象化、枯燥内容趣味化、烦琐内容简单化，让理论知识与学生的生活实践结合起来。

四是重构教学逻辑。在教材中，编写者综合考量学科逻辑和认知规律，对内容进行合理编排，但这只是一种建议和参考，绝非唯一的选择，允许教师结合实际，灵活进行教材重构、重组。如同讲故事，可以是"顺叙"，也可以是"倒叙""插叙"，采用不同顺序，是为了满足不同的需要，达到不同的效果。调整内容的先后顺序、将相关内容加以整合、采用单元式教学等都是常用的方式。如从实践到理论的教学，学习难度比较低，有利于学生从感性上升为理性的科学思维培养，而从理论到实践，虽然学习更有挑战性，但应用理论指导实践，学生的认识更深刻、站位更高。

五是转化活动任务。教学是种有目的、有计划、有组织、师生共同参与并分饰不同角色的特别的活动，在活动中，学生动脑动手，丰富学科知识，提升学科技能，发展核心素养。教师进行教学设计，主要是将教材中静态的文本，精心转化为具有可行性、可操作性的"活动方案"的过程，包括活动目标、主题、形式、流程、保障等，都需要悉心斟酌、设计。

六是彰显教育价值。表面上教材内容一目了然，但编写者想表达的内涵有显性的、隐性的，有直接的、间接的。钟启泉教授提出，教材首先呈现了知识体系；其次，知识背后有能力体系；再次，能力体系背后有价值观、世界观和伦理道德规范。对学生而言，认识往往停留在第一层面，需要教师进行挖掘、启发、引导，提升学生的认识高度。有的内容尽管表达简练，但立意高远，也需要教师用心体会其中的言外之意、弦外之音，充分彰显教材的价值。

教师、学生、教材是教学体系中重要的三要素，教师应如何处理好这"三角关系"？教是为了学，学生是教育教学活动的主体，教育是为了促进学生的健康成长和全面发展，教师、教材的价值都体现在学生身上。因此，是否尊重学生学习的主体地位，是否将促进学生的学习作为首要追求，是衡量教材应用品质的关键依据，教师眼里既要有教材，又要有学生，要带着教材走向学生，而不是带着学生走向教材，教师要善于借助教材这个媒介和平台，让教学更顺畅、高效地开展。

从"教教材"到"用教材教"，是将"程序性教材"转化为"生成性教材"，从"理想的教材"过渡到"实践的教材"。对教师来说，这既是机遇又是挑战，需要不断加强学习，形成科学的学生观、知识观、教材观、学习观。

（一）教材内容的深度解读

深入理解是正确处理教材内容的前提条件。所谓"深度解读"，强调的是思维活动的全面性和深刻性。

1. 从不同角度认识教材

从编者的角度分析教材。教材是编者根据学科教学的整体目标和要求，以及学科教学的规律和学生的认识发展规律而精心编写的。站在编者的角度分析教材，了解教材编排体系，理解编写意图，才能居高临下地把握教材。

从学生的角度分析教材。教材既是教本，又是学本。教师应设身处地站在学生的角度分析教材。教材中哪些地方使人感兴趣？哪些地方难理解？哪些地方最感人？哪些背景学生不了解？这样就会较准确地把握教材的兴趣点、疑难点、动情点、背景介绍点，从而提高课堂教学的针对性。

从作者的角度分析教材。从作者的角度分析教材，要求教师要像数学家那样思考数学，像历史学家那样思考历史。就语文而言，要求教师以作者的身份潜心研究课文，自我设问：倘若我写此文，目的是什么？以哪些材料、运用什么写法达到其目的？希望读者从文章中了解什么？如此分析教材，就会在写作目的的确定、材料的选择、详略的安排、词句的锤炼、标点的运用等方面对教材有深入的把握。

从教者的角度分析教材。教师是教学的组织者和领导者，应该努力协调编者、作者与学者的关系，力求发挥教材最大的教学效应。

2. 全方位把握教材内容的内在特征

分析教材的地位和作用。应分析某段教材在全局中的地位和作用，以及这段教材对后续学习的影响，这段教材对形成学生认知结构、训练技能、发展能力、培养品德的作用。

分析知识结构和特征。一是分析结构关系，即这段教材与前后教材知识结构的关系、来龙去脉和层次脉络；二是分析类型特征，即分析这段教材所包含的知识类型（陈述性知识、程序性知识或策略性知识）；三是分析教材所涉及的技能和能力（思维价值），一方面指分析这段教材内在包含（隐含）哪些技能和能力，另一方面指分析通过这段教材的教学，训练学生的哪些技能和发展学生的哪些能力。

分析教学的具体要求。要确定每段教材的教学目的，一方面必须按课程标准、教科书和学生的实际情况确定每课时的教学要求；另一方面又要有发展观点，即同样的内容在不同教学阶段其要求是不断提高的。

3. 确定教材内容的重点、难点和关键点

要找出教材中最基本、最主要的具有统摄性、概括性，能举一反三、广泛迁移的知识（重点），学生难于理解、掌握和运用的知识和复杂技能（难点），能"牵一发而动全身"、对知识与技能的掌握和后继学习最有影响的知识（关键点）。

突出重点。所谓重点是相对的概念。就教材篇章结构来说，重点是指教材内容重点，如重点章、章中的重点，重点单元、单元中的重点，重点课、课中的重点等；就知识类型而言，知识重点是指知识的中心点，即上述知识的"源"。知识的"源"具有理论性、基础性、结构性、典型性四个特性。与其他知识点相比，它们是构成二者矛盾运动的主要方面。教师在教学中务必集中精力深刻揭示教学重点的科学内涵，使学生掌握重点知识的内在本质，切忌平均用力而减少对重点内容的深入全面探索，导致重点不清非重点也不清的败局。

排除难点。所谓"难点"是指学生难于理解和掌握的内容。难点的形成，一是教材的原因，二是学生认识和接受能力的限制。教学中排除难点，首先要求教师明确"难"在哪里，然后对症下药加以排除。例如：有的难在内容抽象，教师就应设法提供具体形象的内容，使学生从感性认识入手；有的难在内容深奥，教师就应设法通过复习或联系有关知识进行铺路搭桥，帮助学生理解；有的难在内容复杂，教师就应采取分解、化简和分散处理的方式来解决。总之，难点不排除，教学就难以顺利进行。

抓住关键。所谓"关键"，是指教材中对顺利地学习其他内容（包括重点、难点）起决定性作用的知识。教师准确地抓住关键，往往能在教学中起到画龙点睛、纲举目张的作用。关键点的具体处理，要视其与重点、难点的关系而定，三者的关系有全部重叠、部分重叠、非重叠三种。全部重叠时，只要抓住关键，重点、难点也就解决了；部分重叠时，关键点与重点重叠或与难点重叠，抓住关键就意味着能突出重点或排除难点；在非重叠的情形下，对关键的处理，务必精心设计，精心安排，争取以最少的时间获得最佳效果，以保证有足够的时间去解决重点和难点。

（二）教材内容的灵活处理

教材内容的灵活处理主要涉及取舍、增补和调整。

1. 教材内容的取舍

教学内容的取舍应该注意以下方面：

内容质量。要达到"四性"，即：科学性，教学内容必须是正确反映客观规律的知识；目标性，必须围绕教学目标选择教学内容；启发性，教学内容必须具有启迪智慧、开发智力的价值；思想性，要尽量选择对学生思想品德有积极影响的内容。

内容深度。要求立足于目标，把高难度与量力性有机结合起来。内容的深度是学生通过努力可以接受的，使其成为学生可以消化的精神食粮，成为他们智力持续发展的催化剂。这样，学生在学习中才会有一种"跳一跳摘果子"的满足感和成就感，从而不断激发兴趣，追求成功。内容太深、太浅都无法激发学生的学习热情，难以调动他们的积极思维。

内容广度（容量）。要求围绕目标，把"博"与"精"有机结合起来。所谓"博"，要求教学内容的选择不仅限于既定教材，还要适当加以延伸、补充（包括理论联系实际、丰富学生表象、增加感性材料、恰如其分的比喻等），使其尽量宽广一些，让学生在课堂里有一种充实感、生动感和趣味感；所谓"精"要求教学内容的选择必须是经过精心筛选的，使其具有基础性、范例性、结构性和典型性，这是教学内容的重点所在，掌握这些内容可以使学生取得以纲带目、以简驭繁的效果。

2．教材内容的增补

教材内容的增补实质上是整合和开发课程资源的问题。在通常情况下，教学设计时要考虑增添和补充的材料有以下几类：

背景性材料。当学生缺乏某种相关的知识就难以理解某一教材内容的来龙去脉或事理依据时，教师要介绍或指导学生觅取与阅读有关的背景性知识。有时，一些特殊的名词、术语也应补充解释。

经验性材料。学生自身的表象和知识储备是学生掌握书本知识的基础。当学生对教材内容比较陌生时，教师要引导学生调动头脑中的表象，积聚有关的现象事实，联系学生的生活经验和体验，促进书本知识与学生经验的相互作用。经验性材料还包括一些实际事例。

活动性材料。教师应提供各种使教材内容活动起来的操作、游戏、演练等形式。

练习性材料。这类材料主要是使学生巩固知识并形成熟练的各种变式作业和实践性训练。

扩展性材料。这是指旨在促进学生延伸学习、开阔眼界或进行自主探究、合作学习的各种课内外联结为一体的材料。

3．教材内容的调整

教材内容的调整是指在教学过程中对教材做某种小的变动，进行教学设计时，应尽可能地考虑得周详一些。

● 顺序的调整

一是课本中已有的内容，或因安排欠妥，或因叙述混乱，需要进行调整或剪裁，使之前后连续，条理分明，层次清楚，符合逻辑顺序。例如，初中语文第一册写景单元安排了五篇课文，先后顺序是：《春》《济南的冬天》《海滨仲夏夜》《香山红叶》《野景偶拾》。按照一般思路，是从第一篇依次教起，然而有些老师却做了灵活变动：《春》《海滨仲夏夜》《香山红叶》《济南的冬天》（《野景偶拾》是课外自读）。这样按照春夏秋冬季节的自然变化编排教学顺序，既顺应了学生的认知心理，又更有效地发挥了单元教学的整体功能，是教师创造性教学的体现。二是为了内容的完整。如高中地理"地球的运动"一节内，《四季更替》这一标题及其中的内容与《地球运动的地理意义》这一标题是并列的，但为了内容的完整，应当把《四季更替》纳入《地球运动的地理意义》之内来讲。

● 时间的调整

例如，教育科学出版社出版的三年级上册《科学》教材中有"蜗牛"一课。按照正常进度一般排在10月左右讲授，但10月的北方已经较难找到蜗牛，因此可以将这一教材的教学时间提前。

● 方式的调整

例如，某科学教材在对学生使用温度计的方法进行说明时，列举了平视，看好刻度，准确读出等要素。教师在实际教学中发现，眼睛平视，看刻度、读刻度，一定要等水银柱不再上升后再进行。"水银柱不再上升后"是一个重要的条件要素，必须给学生以提醒。这说明我们的教师在教学中应时刻树立通过自己的实践，来验证、完善教材的意识，要克服权威定式中对教材、教参、教研员和专家的依赖，实事求是，勇于思考，勇于创新。

· 素材的调整

例如：七年级数学上册第一章的股票指数走势图对于没有炒过股的大多数学生来说是陌生的，农村学校的学生更是找不到感觉，因此许多教师把它改成本地气温变化曲线图，改成本校历年初中招生人数折线图等，既贴近学生的生活实际，又打破了学科界限，扩大了学生的知识面。在教"立体图形的展开图"时，有教师到学校附近的包装印刷厂搬来包装盒的半成品让学生折叠操作，把课堂上的数学与生活中的数学紧密相连。在教"生活中的轴对称"及其他几何图形时，许多教师充分利用学校的多媒体、网络资源辅助教学。学校的校情校史、乡土地理、人文景观、社会经济等都成为可利用的教学资源。

（三）教材内容的合理组织

组织教学内容，从总体上说主要应完成两项工作：一是排"序"，二是定"点"。

1. 排"序"

教学内容的组织应努力理顺以下两个"序"：

教材本身的"序"。每门学科的知识都是有机的整体，各个概念和各条原理之间具有内在联系的逻辑性、系统性和连贯性。它们反映了教材自身知识传授、能力培养的节奏，使前后内容互相蕴含，自然推演，在思维上为学生提供了一个由已知到未知的逻辑思路。这样有利于学生形成一个具有生命力的处于运动中的思维网络，从而能深刻领会各个概念、各条原理的实质，还能掌握蕴含在各个概念与原理相互关系中的各种推理思维形式。

学生认识的"序"。例如：由已知到未知，温故知新的"序"；由感知、理解到巩固、应用的"序"；由易到难、由简到繁、由近及远的"序"；由特殊到一般和从一般到特殊的"序"，等等。

2. 定"点"

定"点"的任务是对教学中应聚焦之处做到心中有数，有经验的教师通常很注意以下几点：

• 抓住知识关键点，即准确把握教材最本质的带有规律的知识关节点。

• 找准最佳结合点，即理清前后知识和新旧知识的联系与衔接。

• 确定教学起讫点，即摸清学生已有知识的状况，确定教学的起点和教学目标的终点。

• 考虑教学切入点，即从什么角度、通过什么联系、采用什么方式导入课题。

• 把握课堂兴奋点，即怎样激发学生的兴趣和智力情绪，激发学生学习的积极性。

• 凸现教学着重点，即使教学的主线分明，重点突出，抓住主要矛盾。

• 突破学习疑难点，就是预见到学生学习中的困难和问题，有针对性地化解和引导突破。

• 精心组织训练点，即组织好讲、导、练的有机结合，促进知识转化为技能和能力。

• 设计教学收束点，即设计好讲授收尾，埋下伏笔，以便以后新旧衔接，同时给学生留下深刻的整体印象和无穷余味。

• 预留课外延伸点。

二、 教材内容的加工

教师在教学活动中的作用是实现文化科学的有效转换，即教师必须有效地、创造性地把文化科学转换为学科或课程，并进一步把学科或课程转换为有助于学生全面发展的课堂内外的文化科学学习活动。[①] 因此，教师在教学设计中要对教材内容进行加工，使教材中存储的知识信息能真正为学生所内化，变成他们的精神财富。

---

① 母小勇. 教师的作用：实现文化科学的有效转换 [J]. 教育理论与实践，2002（10）：26-29.

（一）提高教材内容的可理解程度

学生对教材的理解是一种认知加工的心理历程，这一心理活动的历程包括感知、记忆、想象、思维等一系列活动。

施良方教授指出："学生在教学中的认知加工，是由学生认知加工系统与课程和教学的相互作用而组成的。"如果只提供课程信息而不给任何教学线索，学生当然也能学到一些信息，但是，如果在传递课程信息时辅以教学线索，就可以提高学生认知加工的质量。施良方教授曾对教学过程中学生的认知学习给出一个模式。

图 4-1 课堂教学环境

课　程			教　学
组　块			与目标有关的线索
序　列			适应计划的线索
	学生的任务		
	学习课程		
	使用教学的线索		

↓ 认知加工系统 ↑

感觉系统			反应系统
记忆系统			加工系统
场　所	内　容	内　容	过　程
短时记忆	概　念	目　标	注　意
长时记忆	命　题	计　划	编　码
			复　述
			联　结
			监　控

那么怎样通过教材内容的加工来提高其可理解程度呢？

1. 做好教材内容的预热

学生已有的知识经验是学习新教材的基础。为了使学生能够很好地理解新教材，教师要善于激活与新教材相关的知识信息，通过"从已知到未知，从旧知引新知"，使学生的已有知识经验从大脑库存中被迅速地提取出来，接近将要学习的教学内容，并活跃地进行新旧知识的相互作用。对教材内容的预热，很重要的一点就是要从学生已有的知识中找出学习新知识的支撑点，通过复习、揭示、蕴含、铺垫、引申等方式，激活那些与学习新知识有关的旧知识，促使其建立起稳固的联系。

事例点击

做好学习数学新知识的准备

小学生的认知准备一般包括数学知识准备、数学技能准备和数学学习策略准备三个方面。例如在教学"梯形面积的计算"之前，我们让学生积极回忆面积的概念，回忆梯形的特征，回忆平行四边形面积的计算方法等，让他们切实意识到这些内容都与学习新课有关，从而做好知识的准备。这节课学生的技能准备，主要是通过对推导三角形面积计算方法的一些技巧的回忆，熟练地掌握平面图形的旋转、平移、拼合、割补等操作方法，为梯形面积计算的学习扫清操作上的障碍。这节课的学习策略准备，是引导学生回忆三角形面积的计算公式是怎样推导的，以促进他们把三角形面积计算的学习策略迁移到梯形面积的计算上来。这样的学习策略准备，其实质就是为学生的主动发展进行对策性准备，这种对策性准备对学生的主动发展是非常重要的。

2. 提供进行预习的线索

教师可在学习新课前布置预习，并给予指导提示或给出预习提纲，让学生写出预习所得，在课文中做出标记，提出疑难问题……总之，学生要养成一种自学和预习的习惯。

3. 定向积累相关的信息

这通常是指导学生通过有目的的观察、调查采访、实地踏勘、动手实验等实践活动来获取新的学习内容的相关经验，也可以充分利用学校的图书室、实验室，校外的青少年活动基地、儿童之家、博物馆等社区资源，或者上网收集有用信息，作为学习新知识的准备。

4. 引导学生尝试和探索

有时预热可以通过学生的尝试性练习，通过主动地涉及一些与新的学习内容有关的活动，使学生在探索中有所获取，有所体验，有所发现。

活用教材，使学生会探索[①]

教学"按比例分配应用题"时，把例题前的复习题"小营村有耕地100公顷，种植小麦和玉米，玉米的面积是小麦的2/3，玉米和小麦的面积各是多少？"问题改为：你能通过计算来说明其中两个数量间的关系吗？学生读题后，我激励他们抢答，说出了近10种的数量关系后，又让学生思考：（1）各种数量关系的异同点；（2）从中你发现了什么？学生各抒己见后得到：比和分数可以互相转化。然后我要求学生把题中小麦和玉米的公顷数用比来做条件改编应用题，成为例1。有了前面的探究基础，例1的分析解答学生便迎刃而解，在得出多种不同解法后，又让学生比较各种解题思路，既掌握了解题方法，又拓展了思维。

教师只是对复习题的问题稍稍改动，使之成为开放式问题，就充分调动了全体学生主动思考、探索、创新的积极性，教学过程便发生了质的变化，有旧知的回顾和应用，有新知的猜想和探索，学生创新能力的培养就得到了有效的保证。

（二）发掘教材内容的情感性因素

新课程提出了"情感态度、价值观"的课程与教学目标，达成这一目标在很大程度上要倚重于发挥教材内容中的情感性因素。同时应当看到，知识与技能、过程与方法的学习也是不能离开情感参与的。苏联教学论专家休金娜曾经说过："如果认识活动是枯燥的、纯理性的，缺乏深刻的印象、满足感和智力活动的快乐，那么这种认识活动的发展性意义就是不完备和不充分

---

① 江芝芬. 给学生搭建"探索的舞台"[J]. 上海教育科研，2003（11）：74.

的。"正因为如此，苏联教育家苏霍姆林斯基、斯卡特金、奥舒尼克等都把培养人的精神需要、认识兴趣、智力情绪和学习态度看成教学的重要目标和要求。从智能发展的角度来说，诚如皮亚杰所言："情感的发展和智力机能的发展是紧密吻合的，因为它们是动作的两个不可分割的方面"。表达最高平衡状态的理智乃是智力与情感的重新统一。

1. 激起情感共鸣

许多教材中都融会了作者丰富的思想感情，这些教材内容中的显性情感因素能激起学生的共鸣，形成正确的价值倾向，无论是喜、怒、哀、乐，还是优美、壮美或者崇高的感情，都会对培养学生具有社会性的高级情感产生积极的影响。如果能够展示课程内容中这些直接抒发的情感，就可能激起学生对真善美的追求，对高尚理想的向往，就可能唤起人的本质力量，不断超越自我。

2. 揭示情感蕴含

当教材中的情感因素未能直接表述和倾诉出来，而只是潜在于字里行间，隐匿于事件、实例、数字和道理的背后时，我们应当发掘和充分利用这些情感因素，全面实现情感态度目标。例如，史地类教材内容需要客观、公允地记录有关资料，真实地反映客观事实，但编写者在记叙历史事件、人物，以及描述地理面貌、资源时，他总会有一个基本的态度和立场，这便使他在撰写有关内容时不免将有些情感渗入事实陈述之中。这种情感虽不洋溢于字面，却已隐含于句后。又如：自然科学中发明创造的过程与意义，科学家的际遇与奋斗等，无不富含情感教育的价值。这些都需要教师或感慨，或寓情于说理，或抒情于议事来启发学生。

体　验　历　史 [①]

历史要寓理于情。在历史教学中，教师穿插一些历史故事片断和运用文

---

① 黄素华. 体验历史 [N]. 中国教育报，2002-6-11.

字语言讲述，可以激发学生的学习兴趣。如我讲到哥伦布发现美洲大陆时，做了这种补充描述：哥伦布双膝跪倒在地，眼里含着泪水，他手捧泥土，高举过头，面向欧洲的方向，口里自言自语道："我的上帝，今天我终于找到你了！"这样可以使历史重现。又如在讲岳飞抗金时，我以讲述"岳母刺字"的故事，岳飞"还我山河""待从头，收拾旧山河"的报国信念，使学生深受感动。再如讲《史记》时，我以生动的语言，讲述了司马迁为完成父亲的遗愿立志编写《史记》，身陷囹圄受尽折磨而坚定不移，终于用自己的心血写成了千古名著《史记》，以讲述历史事实来激励学生为将来报效祖国而奋发学习，从而满足了学生在精神上的需求，也促使他们渴望了解更多的历史人物及事迹。

让学生唱主角。在教学过程中，我注意让学生唱主角，对于比较容易懂的章节，在辅导的基础上，让学生预习，指出本节的学习目标、重点、难点。有时可以让学生自己讲述。这样调动了学生主动搜集课外材料的积极性。如一个学生在讲述绿林、赤眉起义推翻王莽政权时，引用了他在课外书上看到的"王莽哭天"的笑话，把王莽面对起义军的浩大声势而惊慌失措的丑态淋漓尽致地表现出来，也从反面衬托出起义军的巨大声势，给学生留下深刻的印象。让学生做主角自然而然地引起了学生的热情和兴趣，从而激励他们更好地掌握知识。

开辟第二课堂。让学生绘制历史地图和历史实物图。这不仅可以帮助学生形成空间概念，认识地理因素在人类历史进程中的作用，还可以帮助学生认识历史的本质和规律。课外让学生了解历史人物的事迹和一些历史文物，如书籍、古钱币，以及让学生参观古迹、古遗址和烈士陵园等，都会收到好的效果。

3. 重视"寓情于境"

俗话说，"情由境生"。根据教材内容的特点，运用一定的情境氛围，可以使学生产生一系列的情感体验，促进学生情绪智力的发展。苏联教育家巴班斯基在谈到"教学上的感情刺激方法"时说："艺术性、形象性、鲜明性、趣味性、惊奇、精神上的感受可以使一个人的情绪兴奋。情绪兴奋可以激励人积极地对待学习活动，这是形成认识兴趣的第一步。"他建议教师采用能激发学生认识兴趣的心理效应的方法，如内容、形式和方法的"新颖效应"，不同看法的"冲突效应"，出乎意料的"惊奇效应"等。

为"轮轴"学习创设一个游戏情境

一位物理教师教"轮轴"时，设计了一个游戏：看谁力气大，手劲好。他故意挑选了高度体型相近的男女同学各一名，请他们上讲台，掰手腕。女同学胆小，不肯和男同学掰手腕，引起部分同学的议论和笑声，他们认为不用比赛，肯定女同学输了。比赛下来，果然是女同学输了。然后，教师拿出了一个啤酒瓶，再请这两个男女同学比试一下，男同学握住啤酒瓶的颈口部分，女同学握住啤酒瓶的瓶身部分，各自用力向两个相反的方向旋转，结果女同学赢了。这一下，课堂里炸锅了，引起了同学的热烈讨论。这时，老师问学生："为什么力气大的男同学反而比不过力气小的女同学？"通过这个游戏，同学们的兴趣一下子被激发出来，他们以高涨的热情投入教材内容的学习。

根据教材内容创设一个实实在在的操作情境，能促使学生产生学习的兴趣，增强学习的动力。情境不仅可以是实在的，还可以是图像的或者语言描述的，其功用都在于能唤起人的内在积极性。

4. 诱导智力情绪

智力情绪是学生从事学习活动过程中产生的情感体验，是指向智力活动本身或由认识活动唤起的情绪状态，如获得知识的满足感、成功感，对新颖事物的惊奇和激动，追求真理时的兴奋和坚定等。在教学设计中，教师要对教材内容进行情趣化加工，激发学生的好奇心和求知欲，使之变成学习的兴趣和要求。

新奇、新颖的说话课

在一堂说话课上，教师在学生学完课文后没有提出要"复述"课文的要求，而是做一个动作："神秘"地将一把扫帚小心地挂在窗台上，接着问："这是哪一篇课文的细节描写？谁能根据这一动作说一段故事？"孩子们的眼睛忽然亮了，手越举越多，兴致勃勃地抢着发言。接着，教师又拿出半截铅笔、一包香烟纸和一把破刀片放在讲台上。教室又活跃起来了，一个学生甚至脱口而出："《挺进报》第一期，白公馆出版。"多有趣！教师的举动最大限度地吸引了学生参加"双边"活动。

特级教师陈钟梁利用"新"与"奇"的"刺激"诱导出学生的智力情绪，由此推动学生积极参与的热情。这虽然是一点小小的形式变化，却表现出教师进行设计时的匠心和睿智。

（三）强化教材内容的操作化设计

新课程倡导学生"主动参与，乐于探究，勤于动手"，强调要转变学生的学习方式，引导他们自主探究，合作学习，这对教学设计中提高教学内容的操作化水平提出了新的要求。皮亚杰把获取知识的活动分为两种——以内在心理活动为特点的"逻辑运算"和改变客体的"经验活动"。他还认为，正是这两种活动"构成了我们科学知识的起源"。所以，在现实的活动中，人的内心活动与行为操作是相互联系和相互作用的两个方面，它们统一于同一活动的过程之中。提高教材内容的操作化水平，就是围绕教材内容，综合运用包括语言交流在内的动手操作、体验、模拟尝试、社会实践、角色仿效等各种方式，将操作—动作结构转化为内部的运演规则和认知图式。

1."做中学"

通过精心设计，引导学生动手、动口、动脑，在做中学、用中学，使知识内化为学生头脑中的经验，这在新课程实施中具有十分重要的意义。教材内容的操作化，其实就是将那些能够让学生通过活动操作而掌握的知识，尽可能编织在一个有序的活动中，用"动"的方法来转化"静"的知识。

让学生在"做中学"

方法一："割"出长方体的"面、棱、顶点"。

长方体的面、棱、顶点这部分知识，学生不易理解，教师可从直观入手，指导学生"割"出面、棱、顶点来。可以先在一个白萝卜或红薯上平削去一块，讨论得到什么（面）。垂直于这个面平削去一块又得到一个面，讨论两个面相交的地方得到什么（棱）。再垂直于这两个面平削去一块，讨论三个面相交的地方叫什么（顶点）。直到"割"出一个长方体。在"割"的过程中，学生通过眼、手等感官直接感觉到了面、棱、顶点的特征，便直观形象地理解了长方体面、棱、顶点的意义。

方法二："裁""穿""脱"导出面积计算方法。

在学习圆柱体表面积时，用游戏的方法，指导学生动手操作，给圆柱体"穿衣服"。在"裁"的过程中，学生理解了圆柱体的表面是由两个圆加一个长方形围成的，衣服"穿"上了，再请学生把它"脱"下来，量一量，算一算，从而得到圆柱体表面积的计算方法，这种游戏式的"裁""穿""脱"教学方法，使学生兴趣浓厚，加深了对知识的理解。

知识教学中，要注意展示知识发生的过程，将静态的知识结论变为动态的探索对象，让学生付出一定的智力代价，在认知活动中探索未知，获得体验，从而最大限度地引导学生积极主动地参与教学活动，有效地实现"知识训练智力"的价值。

2. 设计模拟活动

在书本知识的学习中，有时设计一种模拟生活原型的情境，让学生承担其中的一个准角色，推动他们置身于其中去完成假设的任务，既可以唤起学生亲近生活的感受和介入生活的积极性，又能在张扬自我天性的活动中内化知识和技能，发展智慧和人格。美国学者乔伊斯、威尔把这种做法归入社会交往教学模式，意在以生动的、与社会生活相接近的形式，有效促进学生分析和解决问题能力的形成与发展。

事例点击

地理课——中国的北方地区和南方地区

学习"中国的北方地区和南方地区"时，教师首先把教材中的"北方地区"和"南方地区"内容作为一个专题来教学。全班分为"北方"和"南方"两大组。学生在阅读教材、查阅资料、采访之后，自由选择扮演"北方人"或"南方人"。

教师提出辩题，"生活在北方好还是生活在南方好"，两大组分别准备。每方有三种角色供学生选择：辩手，主要发言；策划，搜集和制作支持本方辩手的材料；南（或北）方人，表演反映本方区域特点的生活小品或歌舞以支持本方辩手的观点。组内通过自荐和推选分配角色。

课前的准备由组内成员分工合作完成。准备工作包括信息查询、市场调查、人物访问、广告制作等。然后，成员分工写出访问札记、广告词，绘制图画，准备节目。教师做好引导和资料支持工作。

在教室中展示反映北方和南方地理特点的图片，轮流播放具有南、北方特色的音乐。各方轮流发言，用讲解、表演等方法试图说服对方。

辩论结束后，教师鼓励有兴趣的同学撰写小论文。

在这个课例中，教材关于中国北方地区与南方地区的知识信息是由扮演"北方人"和"南方人"的学生分别呈现的，通过学生自身的一系列主动学习、开发课程资源和意见碰撞，学生获得的东西肯定比教师和盘托出教材的办法要多得多。

3. 联系生活实践

教学中充分注意课程内容与学生现实生活的联系，与学生经验世界的联系，促进学生运用来自现实生活的个性化经验去理解和把握所要学习的知识，这本质上是促使学生已有知识经验与新学习知识之间产生相互作用。正是通过这种积极的相互作用，已有经验和新学习知识之间实现了结合、融会和贯通，学生的认知结构也得到重建和改组。

带上数学知识到生活中去

组织学生开展"带上数学知识到生活中去"的活动，是数学应用于生活的最好体现，也是一项很有价值的实践。它不仅会使学生感受到教学与现实生活的密切联系，还能使学生初步学会运用所学知识和方法解决一些简单的实际问题，从而体会到数学的价值所在，达到"授人以渔"的目的。如麦收季节组织学生到麦场里测量、计算麦堆的体积、重量，使他们把已掌握的圆锥体的知识派上了用场；学习了统计的初步知识后，可以让学生分组去调查本村近五年的农业经济收入，制成条形统计图，让学生把自己家近五年家庭建设方面的投入制成折线形统计图，把本村各类家电占家电总数的百分比计算出来，制成扇形统计图；学习了估算后，把学生带到蔬菜大棚，估算出蔬菜大棚的面积、种植棵数、每棵产量以及总产量，计算出一个大棚全年的经济收入等，并在数学活动课上展览、评比学生的调查作业，启发学生畅谈在调查活动中的体会。

这样教学，不仅能使学生感受到"学习数学有意思—想参与—积极参与—获得成功的喜悦"这样一个情感历程，而且较好地落实了"知识与能力，过程与方法，情感态度和价值观"三个维度目标的有机结合。

4. 强调亲力亲为

教材内容是人类社会历史实践的概括和总结。这些抽象化的规律性的知识常常需要学生亲身经验与体验来支持、充实和补充才能获得真正的理解，也才能变得真切，有魅力和有意义。所以，在一堂好课的内容设计中，要尽可能地为学生的亲力亲为提供机会，促进间接经验与直接经验的相互融合。

"书也可以这样教"

一堂名为"赌博的概率"的活动课，澳大利亚的教师是这样上的：每个学生发 10 个筹码，老师坐庄，没过一会儿，17 个学生中就有 16 个输了

"钱"。然后老师要求学生计算概率，结果发现，由于赢的概率太小，时间一长，每个人只能输，这样一来，学生通过亲身经历明白了赌博的欺骗性。

再看一堂美国老师的数学课"面积的计算"。上课后，老师把孩子们带到教室外的一块不规则草坪上，然后分成四个小组，每个小组发了一卷皮尺，要求学生们想想看，用什么方法能算出这块草坪的面积。只见孩子们兴高采烈，有的用拼凑法，将不规则的草坪切分成若干个长方形，有的用填补法，加加减减，不一会儿，孩子们都算出了草坪的面积……

举这两个案例，是要说明一点，有效的教学应当把教育内容纳入学生的生活世界加以组织，使文化进入学生的"生活经验"和"亲历情境"。

我是一位语文教师，我历来主张，生活是语文教学的家园。语文学科是人之生命表达的一种方式，语文学科是一个生命情感的世界。人对生活的感受，人的悲欢离合、感物伤怀，都是通过语言展现出来的。"感时花溅泪，恨别鸟惊心"，言说者是一个情感生命体，故国之爱，家园之恋，生死之思，情爱之痴，人生之感……万种思绪，千般柔情，都浓缩在语言之中，都是可以具体地再现在生活之中的。所以，我教《雷雨》时，让学生自导自演《雷雨》；教《装在套子里的人》时，请学生寻找现实世界中还存在哪些"套子"。美国与伊拉克交战之后，我用两个课时，让学生讨论"我说美伊战争"。这样做无非是尽量多地把学习的时空留给学生，充分调动他们学习的积极性，用生命去体验和表达，这就是语文学科的教育价值。

三、 教材内容的呈现

所谓"教材呈现"，是指课程内容用什么方式展示在学生面前，这既指教科书呈现课程内容的方式，又指教师在教学情境下怎样创造性地使用教科书、组织教材并以有利于学生学习的方式呈现课程内容。随着新课程的实施，按照国家课程标准编写的新教材，一改过去那种以现成的、不容置疑的定论方式把课程内容给予学生，让学生接受的方式，淡化了教材的同质性和规定性，增强了挑战性、生成性和创新性，这样就为教师的教学创新和专业自主提供了极好的条件。

有学者指出："在新课程标准与新教材之间，仿佛是一片不确定的开阔地，它让因循者困惑，但也给真正的改革者释放了智慧的源泉。"如今，课程标准不那么具体，不那么精确，却多了些弹性空间；而教材也不再是经典，不再是记忆的库房，而只是教学使用的材料。"教材如同乐谱，标准却是音乐，背谱不等于音乐；教材如同建材，标准却是建筑，备料不等于房屋。"①"面对新课程标准，教师和学生不是'材料员'而是'建筑师'，他们是材料的主人，更是新材料和新教学智慧创生的主体。"②

（一）新旧知识的相互作用

"以旧知识引新知识"这一古老的命题在当代学习理论中有了新的阐释。美国心理学家奥苏贝尔提出了"同化学习"理论，强调要使新知识与学生原有认知结构中适当的观念建立实质性的、非人为的联系。他主张通过新旧知识的相互作用，使新概念"植入"学生业已形成的认知结构中。因此，应当通过对学生已有知识经验的提示、复习、导引、融通、会聚，促进新旧知识的相互联系、相互渗透和相互作用，这既巩固和整理了原有知识，又使原有知识得到改造和发展，获得新的意义。

苏联教育家苏霍姆林斯基曾经说过："教给学生能借助已有知识去获取知识，这是最高的教学技巧之所在。"因此，"新旧知识相互作用"的呈现教材的方法，已经超越了原来"复习"的意义，成为教会学生学习、学会获取新知识的一种重要方法。

---

① 杨启亮. 课程改革：呼唤新的教学智慧 [J]. 江苏教育，2002（18）：1.
② 杨启亮. 教材的功能：一个超越知识观的解释 [J]. 课程·教材·教法，2002（12）：10-13.

（二）引入先行组织者

先行组织者简称"组织者"，是奥苏贝尔于 20 世纪 60 年代初提出的一个概念。根据奥苏贝尔的解释，组织者是先于学习材料呈现的一个引导性材料。它在概括和包容的水平上高于要学习的新材料，但它以学习者易懂的通俗语言呈现。它是新知识与旧知识联系的桥梁。按照奥苏贝尔的同化学习理论，在呈现学习材料时，要遵循概括水平由高到低不断分化的原则，同时，在分化的每一层次上，教师提供或由学生自己举出足够的事例证明，以保证每一层次的新知识综合贯通，达到充分巩固。"不断分化"和"综合贯通"是奥苏贝尔提出的两条重要教学原则。就其实质来说，这种策略属于一种演绎式学习的模式。

总体来说，先行组织者是一些陈述，这些陈述是在学习材料本身之前介绍的，并且是设计来帮助学习者学习和保持新材料的。它给学生一个概念的构架，并把这节课的内容、观点、概念和事实，以一种有组织的方式放进构架中。

按照奥苏贝尔的提高教材可懂度的策略和技术，在教学过程中，可以设计三种组织者。

1. 陈述性组织者

当学生面对学习任务时，倘若其认知结构中缺乏适当的上位观念以用来同化新知识，则可以设计一个概括与包容水平高于要学习的新材料的组织者。让学生先学习这一组织者，以便获得一个同化新知识的认知框架。这样的组织者称为"陈述性组织者"。例如，在识字之前教师用通俗的语言介绍汉字表意的特点以及关于象形、会意、指事、形声的知识，在教师分析课文前学习有关层次结构的知识，学习某些章节前的概括性提示、引言等。

《荷塘月色》学习的先行组织者

一位语文老师在教《荷塘月色》一文时，开头就说："这是作者的一幅清丽的水墨画。他对荷塘的观察细致入微，描写生动形象。他写荷塘的美，绘声绘色，字字珠玑。他一共用了三种描写手法：近写、远写和谈感受。这犹如现代电影手法的近镜头、远镜头、外加几句画外音一样，以便把作者的所见所感淋漓尽致地表现出来。现在让我们跟随作者领略一下美妙的荷塘月色吧……"

先行组织者的设计，在数理学科和文科课前的导语、提示语、指导语中运用得十分广泛，目的是提供一个认识新知识的框架，促进信息之间建立联系。

2. 比较性组织者

当学生面对新的学习任务时，倘若其认知结构中已经有了同化新知识的适当观念，但原有观念不清晰或不牢固，学生难以应用，或者他们对新旧知识之间的关系辨别不清，这时就可以设计一个指出新旧知识异同的组织者。这种组织者被称为"比较性组织者"，如对易混淆的新旧概念、解题方法与模式，近似的词语与课文的异同点的对比等。

运用比较阅读组织学习

一位语文教师在讲苏洵的《六国论》时，给学生介绍苏辙、李帧写的两篇《六国论》。苏洵认为："六国破灭，非兵不利，战不善。弊在赂秦。"苏轼认为："六国不知厚韩亲魏，而背盟败约，自相屠灭。"李帧也有自己的观点。对此，教师让学生各抒己见，开展讨论。课堂上气氛热烈，取得了良好的教学效果。

在各门学科的教学中，教师都会面临引导学生深入理解教材、丰富学生的智力背景、扩展学生的视野、廓清模糊概念以形成分化性认识等问题。为解决这些问题，提供一种比较性材料是有效而易行的。

3. 具体模型组织者

梅耶等人发展了奥苏贝尔的思想，提出用具体形象化的模型作为组织者，就是应用模型、图示、纲要信号以及模拟、类比等方式来帮助学生学习新教材。

活鲫鱼——形象的先行组织者

自然课要讲潜水艇，老师把盛着活鲫鱼的玻璃缸放在实验桌上。同学们看到欢快游动的鱼高兴极了，老师却在黑板上写了今天的课题：潜水艇。

学生们个个陷入了沉思，努力把潜水艇和游动的鱼联系起来，这激发起学生探究的欲望。老师说："我们首先来研究鱼。鱼为什么能在水中自由地游动、沉浮？用什么方法来揭开这个秘密呢？"经过一番热烈的讨论，大家一致认为应该"先观察，再解剖"。

在观察中，学生的注意力集中在鱼鳍上，有些学生提出剪掉鱼鳍再观察的方法。鱼鳍一个一个地被剪掉，学生们仔细观察，深入思考，发现了不同部位的鱼鳍有不同的作用：它们有的用来保持平衡，有的用来划水前进，有的用来左右转弯。老师又问大家："鱼为什么能沉浮呢？"这时，学生又想到了鱼体内的鱼鳔，他们经过解剖又了解了鱼鳔的作用。

经过对鱼的仔细观察、研究之后，老师用幻灯演示了潜水艇的外形、行进、沉浮，学生很自然地领悟了人们根据鱼在水中游的原理发明制造了潜水艇的道理。老师再引导学生对前面一系列探究活动进行概括，使他们对潜水艇有了全面、深刻的理解。

借助于具体的"模型"——包括具有类比作用的实物、图像、纲要信号、概念图之类的材料引导学生理解和掌握学习内容，大体都可以视为形象化的组织者。

（三）设置问题

问题能揭示矛盾和激起疑惑，推动人们产生解决的欲望。课程内容问题化，实际上是将定论形式陈述的材料转化为引导学生探究的问题形式，变被动吸收式学习为主动探求式学习。一般来说，呈现教材时设置问题有两种基本的操作方法：一种是将教材中的定论式知识按其逻辑构成关系分设为若干问题，然后将这些问题链接起来，使学生在逐一地解决这些问题的过程中，主动学习与尝试，最终掌握知识与技能；另一种是教师提供一些蕴含实际问题的、与当前学习内容相联系的学习材料（课程资源），使学生在一种真实任务情境中围绕主题进行认知性学习，这时，主题即课题，完成课题就会学到知识，并且习得一定的策略和方法。

给教材内容设置问题两例

山东省高密市的一位老师在进行地理专题教学时，设计了"黄河断流的畅想"一课，她先放了一段黄河断流的实况录像，然后屏幕上展示了几个问题：

1. 黄河断流的原因是什么？

2. 黄河断流带来的影响有哪些？

3. 对于黄河断流的现象，我们应该如何治理？

4. 如此发展下去，黄河能否成为我国最大的内流河？

5. 黄河断流是一种环境问题。除此以外，你还知道与其有关的哪些环境问题？假如由你去参与治理，你将如何去做？

显然，这是拓展型的探究性问题。在教师的指导下，学生从校园网中找到地理乐园网站，查找到相关资料，然后根据自己的理解，进行一些修正或补充。规定的时间一到，学生们畅所欲言展开讨论，教师适时点拨和评价。于是，一个个闪耀着创新火花的答案诞生了。

这是根据教材内容设置系列问题的例子，对于集中学生的注意，引导学生有序地思考起到一定的作用，可贵之处还在于提出了一些拓展性、探究性问题，激发了学生的求异思维，推动了学生的自主探索。

（四）整合课程资源

在教材内容呈现时，把相关的素材和可凭借的资源整合于其中，促进学生对教材内容的理解和掌握，其形式多种多样，下面列举了几种。

一、提供素材

在教"杂交育种原理"时，教师为学生提供以下素材：

袁隆平在海南育种时偶然发现一株野生水稻长得特别高大健壮，与周围的不同，于是他对这株水稻进行仔细观察和研究，最后终于发明杂交水稻，为解决世界粮食问题做出了卓越的贡献，成为"世界杂交水稻之父"。

有一次，山西发明大王赵跃荣发现一株被篱笆弄弯头的西红柿，果实结得特别好，一层一层，一直红到顶部，而地里其他的西红柿却不是这样。于是，赵跃荣开始有意地对西红柿进行弯头处理。结果不出所料，西红柿获得大丰收，由此他获得一项重要发明——西红柿 V 型栽培法。从 1977 年起，这种方法在全国几十个省、市、县推广，被列为投资少、效益好的科技兴农星火项目。它还被拍成科教片，发行到世界 100 多个国家。

英国的弗莱明教授在培养葡萄球菌时，意外发现其中一个培养皿里长了绿菌，而其周围的葡萄球菌竟融化了。他不是只注重葡萄球菌的培养而把绿菌看成无用的毒物，反倒是抓住绿菌可以抑菌这一新信息，改革研究课题，转攻抗菌课题。后来，弗莱明教授通过精心研究，终于发现了病菌的强敌，这就是我们现在熟悉的青霉素。后来，青霉素被用来成功地救治了一名败血症病人。一时间，青霉素成为灵丹妙药，身价比黄金还高。1954 年，弗莱明获得诺贝尔奖。

问题 1：以上三位科学家获得成功的关键因素是什么？问题 2：运用所学知识分析杂交育种原理。学生通过对问题 1 进行分析讨论后得出：他们获得成功的关键因素是敏锐感知新信息，抓住稍纵即逝的灵感。问题 2 引导学生得出了育种原理。

以上提供的素材都是具体的事件，这些事件中既含有共同的道理，又各有侧重并能相互补充，它们并不是抽象概念和原理的定论式呈现，但学生通过思维加工可以从中体悟和获得关于概念和原理的知识经验。

二、他山之石，可以攻玉
——在英国见到的利用资源实例

• 上古城堡讲历史

我们在古城切斯特参观罗马古城时，路过一个博物馆，看到几位老师带领一群学生在里面参观。学生拿着设计好的提纲边参观，边填写，一会儿集中交流、提问，然后又分头观看探究。走在罗马人修筑的古城墙上，我们看到一个青年穿着铁制盔甲，一副古代罗马士兵打扮，手持尖刺长枪，喊着口令，他身后跟着一群三、四年级模样的小学生，非常高兴且有力地回应着。原来这些孩子是在上历史课，带队的青年则是博物馆的工作人员，他带领着学生上城堡讲述曾在此地发生的历史事件。

• 动手感知科学原理

曼彻斯特是英国工业革命的发源地，世界上第一台蒸汽机就是在此发明的，世界上第一条铁路也修筑在此。英国人非常注意保留当地的历史，在曼彻斯特科学与工业博物馆，有各个时期的动力机械设施，有世界上第一个火车站的遗址，并通过多媒体技术再现工业革命时期当地主要产业及工人劳作的场景。博物馆的主要功能就是传承历史与文化，其传承对象则是下一代年轻人。该博物馆入口处的一幢大楼是学生游艺楼，几个楼面专门建有各种专题性中小学生校外教室，学校经预约可以带学生在这些教室学习，由博物馆专门安排工作人员介绍演示各种专题的科学知识。学生游艺室中，各种设施注重引导学生通过动手操作对各种科学现象原理获得感性的认识。

• 与世界名画近距离接触

我们在英国国家艺术馆逗留不到一个小时，走马观花，在惊叹一幅幅名画之余，我们更为感叹的是，在《向日葵》等大师画作前，一队队英国学生席地而坐，他们中有的可能还是学前班的幼儿，走路都不稳。老师陪在一旁，博物馆的专家在认真为他们进行讲解，学生不时举起小手提问。听完专家辅导，孩子们开始临摹。此时，我真羡慕这些孩子。英国伦敦各大艺术馆和博物馆都有专门的教育机构，他们定期为学生和游客提供各种教育服务，帮助他们了解英国文化，提高艺术修养。

（五）采用标志技术

标志技术是指突出文本的内容或结构而没有增加文本内容的一种显示技术。例如：列小标题，用第1、第2、第3之类的序列数字指出内容要点，使用表示概览作用的"本章将讨论……"，表总括的"总之""这样""由此可见"等词语，以及画线、加黑、用色、居中等标志。这些技术虽不提供实际的信息，但使材料的结构更为清晰，使人一目了然。因此，它们为读者选择适当的信息，并为这些信息组成一个彼此关联的整体提供了一个概念的框架。

除了上述的教材内容呈现方法外，还有教师较为熟悉的使用图片、图表、多媒体等，在此不再赘述。

第五章

如何调控一堂课的教学活动进程

一堂好课是在教师有效的调控下趋向目标的过程。教师的教学智慧在于，根据学生心理动力变化的规律和对特定教学内容的认识顺序，组织好课堂教学活动。一些心理学家曾经根据学生在课堂学习中的动力结构和认知活动的变化，建立种种模型。

一堂好课是在教师有效的调控下趋向目标的过程。教师的教学智慧在于，根据学生心理动力变化的规律和对特定教学内容的认识顺序，组织好课堂教学活动。一些心理学家曾经根据学生在课堂学习中的动力结构和认知活动的变化，建立种种模型，加涅的九阶段理论就是一个典型例子。我国学者依据国内外的众多研究和主张，将上课的调控分为启动、导入、展开、调整和结束五个组成部分。其出发点是将教师的上课（教学）看成激发、支持和推动学生学习的外部条件，从而使学习过程有效发生和学习结果顺利实现。

一、 巧妙地启动

启动环节主要是引起学生的学习动机和兴趣，激发学生的好奇心和探索欲望。教师往往利用问题、演示、实验、视像画面、言语描述等手段来创设这种情境。启动环节主要是非认知因素在教学中起作用，能够恰当体现教学活动的目的性和知情意的一体化。除了启动教学的作用之外，启动环节还对整个教学活动具有保障作用。

对于如何激发学习动机和调动学生的学习积极性，教学设计专家们曾经进行过一系列的研究，如凯勒提出的 ARCS 动机模式就包含"激发和维护学生注意力、突出针对性、建立自信心、创设满意感"四个因素。沃特科沃斯基的 TC 动机设计模式则把主要动机因素置于连续的教学过程中加以考虑。他提出：在教学中，开始阶段相应的动机因素是态度（需要），教学的展开阶段的相应动机因素是刺激（情感），教学的结束阶段的相应动机因素是能力（强化）。斯皮策的动机情境观则强调，"有效学习的发生取决于以往的学习体验及现有学习情境提供的诱因"，因此，"应创设一个富于激励性的学习环境"。

根据各方面的研究，我们认为，在启动环节，应重视以下几点。

（一）吸引学生的注意

在凯勒修改的 ARCS 模式里，激发和维护学生的注意是动机设计的第一要素。这个模式提出的注意力激发与维护的途径主要有三条：一是唤起感知，即利用新奇的、惊奇的、不合理的、不确定的事情来激发和维护学生的注意；二是引发探究，即通过激发或要求学生产生要解决的问题（疑难）来刺激寻求信息的行为；三是利用变化力，用丰富多彩的教学活动来维护学生的兴趣。

注意是意识的门户，是主体的选择性过滤器。知识信息只有被学生的注意选择，才能有效地被吸收。研究表明，引起注意选择的主要因素是客观刺激物的特征。美国心理学家 N. L. Gage 把这些特征分为四类：

1. 刺激的心理物理特征

强度、密度大的刺激物，活动变化的刺激物，形态多样、色彩丰富鲜艳的刺激物，均易引起学生的注意。如上课时教师讲话音量的大小、声调的抑扬顿挫、节奏的错落有致以及丰富的表情和姿态，教师板书的清晰美观、合理布局，各种教具的合理选择和变化使用，以及各种方法的恰当交替和配合等，都能吸引学生的注意。

2. 刺激的情绪特征

凡是能引起学生兴趣和较强情绪反应的刺激物，都易于吸引学生的注意。如上课时教师富有感染力的情绪和表情，教师生动、形象的语言描述，幽默的类比，潇洒自如的讲课风格，教师会说话的眼睛、富于表现力的姿态，各种引起学生兴趣的教学媒体和演示操作等，都是很好的刺激。

3. 刺激的强调特征

强调总是在比较中显示出来。语句和语调的变化，着意加重或形成相对强度的指令语、强调语，如"请注意""这一点很重要""跟我读"等以及板书形式上的变化，如画线、加点、加圈、勾连，某种媒体的特别显示和采用，某些教学活动的刻意安排等，都能通过强调引起学生的注意。

4. 刺激的新异特性

新颖、独特、对比强烈的刺激物能吸引学生的注意。如课堂教学中出示学生未见过的教具，别开生面的教学活动，教师采用的新材料、新信息、新方法等，都可以吸引学生。

在课堂教学中，学生不仅要对教学刺激产生注意，而且要保持这种注意的稳定性。注意的稳定性既取决于刺激的特点，又与主体的心理状态相关。学生对学习活动的目的、任务的深刻理解，他们的兴趣、态度和意志努力，都是注意稳定的重要条件。因此，把由刺激直接引起的无意注意引导和转化为有意注意，也是变化刺激的目的之一。

（二）激发内在的需求

动机是直接推动一个人进行活动的内部动因或动力。人的绝大部分动机都是需要的具体表现，或者说是需要的动态表现。需要可以表现为兴趣、意向、意图、信念等形式。

心理学的研究表明，由学生内在需求所决定的认识兴趣对学生学习的推动力是持久而强烈的。因此，唤起学生的好奇心和求知欲，引发学生的惊奇感和认知冲突，就能激起学生的学习积极性。苏联教育家巴班斯基在谈到诱发那些学业不良学生的好奇心和求知欲，使他们对学习有兴趣和要求时，建议教师采用能激发学生认识兴趣的心理效应的方法，如内容、形式和方法的新颖效应，不同看法的冲突效应，出乎意料的惊奇效应等。巴班斯基的意见可以为我们打开一条思路。

事例点击

引起学生兴趣，激发好奇心和求知欲

一位化学老师在讲甲苯时，采取巧插事例形成悬念的方法引起了学生们的强烈兴趣。插入的事例是：1912年至1913年间，德国在国际市场上大量收购石油，很多国家的石油商争着要与德国成交，有的还尽量压低售价，但是德国人只购买婆罗洲的石油，急急忙忙运到德国本土去。由此看来，德国人专购婆罗洲的石油，必然是别有用心的了。德国人安的是什么心？令人奇怪的是，揭开这个谜的人并不是政治家，而是化学家。化学家在对婆罗洲的石

油化学元素成分进行分析之后，马上警告世人说："德国人在准备发动战争了！"老师反问道："化学家凭什么破了这个谜，从而得出这样的结论？"讲到这里，老师停了停，让大家沉思片刻，然后说："大家要知道这个谜，学好今天的新课就会知道了。"

（三）发挥目标的作用

学习目标是学生对学习结果的预期，具有很强的引导、召唤和激励作用。运用目标调动学生的学习积极性，就是要使学生明确学习的目的，即认识学习的个人意义和社会意义，并且设计出一步步逼近目标的合理而又可行的目标序列，让学生在一个个小的成功的鼓舞下，在学习结果的"诱惑"下，始终保持适当的学习预期和激情。

凯勒的动机设计模式中的第二个要素是"突出针对性"，即要注意解决学习内容的实际意义问题，这对我们运用目标的激励效应是颇富启发意义的。凯勒设计的"突出针对性"包括以下三条途径：

（1）有熟悉感：运用具体、通俗、明白的语言以及与学生本人的经验和价值观相联系的举例和概念。

（2）目标定向：教师向学生解释和列举有关的学习目标及教学的效用。

（3）动机匹配：运用与学生动机特征相一致的教学策略。

（四）利用成功的推力

苏联教育家苏霍姆林斯基把给予"学习者取得成功的欢乐"看成"教育工作的头一条金科玉律"。他告诉教育者："成功的欢乐是一种巨大的情绪力量，它可以促进儿童好好学习的愿望。请你注意，无论如何不要使这种内在的力量消失。缺少这种力量，教育上的任何措施都是无济于事的。"心理学的大量实验证明，在学校情境中，学生的学习积极性同他们的成就动机以及与此相联系的抱负（志向）水平密切相关。因此，在教学实践中尽力去诱发学生的成就动机，提高抱负（志向）水平，使他们产生自我效能感，就成为很重要的一种激励策略。从内在机制来看，学生的成就动机、抱负水平和效能感主要是通过人格的最高调节器——"自我"去获得内发动力的，它使个体的许多人格心理要素（如自信、自尊、有力感、归因等）都从积极的方面促进了学习。

凯勒动机设计模式中第三个要素是"建立自信心"。他提出，当学生感到达标的可能性甚小的时候，通常会放弃追求，因此，对成功是否抱有期待是激励学生的关键。凯勒提出的建立自信心的途径有三条：

（1）期待成功：让学生明确掌握要求和评价的标准。

（2）挑战性情境：提供多样化的成就水准使学生建立个人的达标标准并有表现机会，保证每个人都有成功的体验。

（3）归因引导：向学生提供支持作为成功标志的有关能力和努力方面情况的反馈信息。

成功，让孩子扬起前进的风帆

广东省特级教师丁有宽老师的班上有一名留级下来叫小林的学生，他的学习成绩特别差，品德也很差。一连留级几年了，四年级的学生，语文成绩只得8分，连一段作文都不会写，他被认为是低能儿，遭到厌弃。可是丁老师却不讨厌他，常常给他讲故事，还帮助他一起做好事，做完就让他写作文。有一次，丁老师领他同班长一起清理水沟，完事之后，他只写了一句话的作文："我和班长在校门口清理水沟。"丁老师就在班里的墙报上开辟一个"一句话赞一件好事"专栏，首登了他的这句话，使他受到极大的鼓舞。以后他主动要求做好事，做完就写，慢慢地，作文水平赶上一般的同学了，别的功课也慢慢赶了上来。有一次上语文课，课文题目是《小桂花》，小林突然举手说："老师，我认为《小桂花》的题目得改。"课堂一阵骚动，有些学生认为这个后进生在瞎逞能。丁老师却高兴地请小林把看法讲清楚。小林说："这篇课文写周总理关心小桂花和群众的疾苦，用'小桂花'做标题，文与题不统一。"丁老师赞扬小林肯动脑筋，问题提得好，随即给编课本的人民教育出版社去了封信，第二年，《小桂花》果然改成了《一张珍贵的照片》。小林这个后进生，毕业时学业全赶上来了，并且以优良成绩考上了重点中学。

（五）唤起参与的热忱

新课程的实施要"倡导学生主动参与，乐于探究，勤于动手"，因此应尽力推动学生自觉加入课堂的教学活动中。心理学的研究指出，只有设法使学生加入任务之中，才能达到激励内在动机的目的（Bigg & Moose, 1993）。我国研究者在国内外相关研究的基础上，对"学生参与"做了深入的研究。[①] 研究指出，可以把学生在教学过程中的参与定义为：学生在课堂教学学习过程中的心理活动方式和行为努力程度。学生参与主要包括三个基本方面：行为投入、认知投入和情感投入。行为投入是指学生在课堂中的行为表现，认知投入是指学生在学习过程中的思维水平和层次（这些层次是通过学习方法表现出来的），情感投入是指学生在教学过程中的情感体验。

引导学生参与课题学习

在刚开始上课时，教师让每一名学生用右手手指轻轻按在左手腕桡骨右侧。摸到脉搏后，教师向学生说明脉搏跳动频率与心脏跳动频率是一致的，然后要求每个学生数一下自己每分钟脉搏跳动的次数。半分钟后停止，分别统计每分钟脉搏跳动 70～79 次的人数，60～69 次的人数，60 次及 60 次以下的人数。统计完毕之后，教师问："为什么大家都静坐在教室里，而每个人的脉搏跳动频率却如此不相同呢？"同学们无言以对。教师说："这就是我们本堂课的教学内容：心率和心动周期。"

---

① 孔企平. 数学教学过程中的学生参与 [M]. 上海：华东师范大学出版社，2003：21.

二、　自然地导入

导入的主要功能在于使新旧学习任务之间能顺利地过渡衔接。导入环节之所以重要，是因为任何新知识的学习都离不开同学生已有的相关经验直接发生作用，离不开学生依托旧经验来建构新任务的意义。导入环节应当做好两方面的事情：

一是引起学生对课题的关注，传达教学的意图。在课的起始，运用新颖的刺激和引人入胜的活动，引导学生把注意指向新的学习课题，使心理活动集中于所要掌握的内容，保证学习的效率，这是导入的主要功能。教师以学生可以理解的方式传达教学的意图，包括建立学习目标、明确认识活动的方向、了解学习的方式、勾画教学内容的轮廓等，从而有利于学生正确地分配心理能量，主动地调节和控制认知活动。

二是建立新旧知识之间的联系，做好学习的准备。学习的准备状态是进行学习的基本条件。学习的准备是指学生已有的知识经验水平和发展水平对接受新知识的适合性。在课堂教学中，通过导入不仅可以激发学生的学习积极性，而且可以利用学生熟知的素材作为引子和过渡，找到新知识与学生原有知识经验的契合点，把相关概念植入学生业已形成的认知结构中，促进新旧知识的相互作用和联系。例证、实验观察导入还可以为课堂上的认知加工与发展提供原料，做好铺垫。

进入导入环节，可以考虑采用以下措施：

（一）通过预习做好学习新知识的准备

预习和复习的目的都是让学生有学习的准备。就特定阶段的学生来说，他们在课堂学习中获得新知识的准备主要是指他们的认知结构中有适当的观念来同新知识建立实质性的、非人为的联系，他们具有意义学习的"心向"。

实际上这就是学生原有的知识经验和动机水平要能适应新知识学习的需要。

现代认知心理学认为，学习者已经知道的东西和已有的经验是影响学习的重要因素之一。加涅十分重视学习新知识时的经验准备。美国心理学家奥苏贝尔也把学生认知结构中能与新教材建立联系的有关观念是否可利用作为影响接受新知识的重要变量。课堂教学中的导入，就是要安排一定的活动，激活学生原有的知识经验，以便新知识的植入有一个清晰、稳定的固着点。

（二）在复习中建立新旧知识的联系

通过预习和复习唤起学生已有的知识经验，其目的是为新知识植入学生的头脑做好准备。怎样让新知识顺利地从原有的知识中生长出来，这就要实现新知识与原有知识的衔接和过渡，找到新旧知识的关联点，选准新信息走进学生经验世界的切入点，"以其所知，喻其不知"，使学生"温故而知新"，这正是教师的课堂教学艺术之所在。

温故而知新的方法很多，教师可以设计提出问题，随着学生逐步解答的深入，旧知识与新知识发生了联系，从而引入新课；也可以在练习和分析实际问题中蕴蓄渗透，逐步使新问题清晰化，新知识明确化；还可以在描述、概括原有知识的基础上，延伸问题，引入新课学习。

激活已有的知识积累，寻求多样的解题策略

练习：哪把钥匙开哪把锁？	
钥匙	锁
214	$372 \div 4$
134	$642 \div 3$
93	$415 \div 5$
83	$804 \div 6$

师：你能运用哪些学过的知识和方法快速地打开每把锁呢？（先独立思

考，后交流讨论）

生1：372÷4，被除数372中的3除以4不够商1，因此，它的商只能是两位数，也就是能选"93"或"83"。再用4×93，4×83看看结果是否等于372，最后发现4×93＝372，所以，93这把钥匙能开372÷4这把锁。

生2：372÷4，先用3除以4不够商1，就用37除以4，可以商9，而在四把钥匙中只有"93"这把钥匙中有"9"，所以"372÷4"这把锁应用"93"这把钥匙来开。

生3：除法可以用乘法来验算，所以我用乘法来算。214×4的积的个位数一定是6，214×3的积的个位上是2，所以"214"这把钥匙应是开"642÷3"这把锁的。

生4：我通过列除法竖式计算得到372÷4＝93，所以，372÷4应与93连在一起。

这是一个别开生面的运用已有知识去学习新知识的课例。教师出示练习题后这样启发："你能运用哪些学过的知识和方法快速地打开每把锁呢？"这种方法注重引导学生通过对问题的深入观察，分析思考，寻找问题与已有知识间的联系，促进他们主动激活认知结构中这些处于休眠状态的知识积蓄，为解决问题做好多种准备，寻求多样的解题策略，获取最佳的解决方案。

（三）运用组织者引导学生的认知定向

奥苏贝尔在20世纪60年代提出的"组织者"是指先于学习材料显示的一个引导性材料，其机制应是利用统摄性和概括性较高的语言、文字、模型等帮助学生有效地理解，将那些需要学习的正式材料纳入一种清晰的认知框架中，组织者的作用是帮助学生稳定地接收和保持正式学习材料中更详细和分化的内容，在学生已知和未知之间架设一道观念上的桥梁，为他们获取大量意义言语信息提供观念上的施工架。教学中常用的组织者包括课前的提示、概述、纲要、概括水平高的论文或比较性材料、某种模型或图示等。有些教师很善于用题目作为组织者。

文章题目作为组织者

（一）

教师出示文章的题目：《将相和》

教师："将"指谁？"相"指谁？"和"是什么意思？"将"和"相"始终都是"和"的吗？他们为什么会"不和"？后来为什么又会"和"呢？

教师紧接着说："今天，我们就要来学习《将相和》这篇文章，通过学习，大家要知道'将'和'相'各自有什么性格特点，文章是通过什么手法来描写他们的性格特点的。"

教师寥寥数语，提了简单的几个问题，每个问题都击中要害，一下子把学生的好奇心调动起来了，学生个个兴趣盎然，同时明确了学习的目标。

（二）

一位教师执教《爬天都峰》一课，学生一见课题，就产生了许多预想：为什么不说"登天都峰"，用两手两脚并用的"爬"有什么特别意义？天都峰有多高？很危险吗？是谁爬天都峰？从课题看，"爬"是重点，是怎么"爬"的？……实际上这些"期待"都关系到课文的主旨和要点。正是因为学生有了这些期待，才生成了课堂教学的基本思路：

"爬"天都峰（课题）

为什么"爬"——黄山天都峰高、陡、险

谁"爬"——"我"（小女孩）、老爷爷

怎样"爬"——一老一小都会从别人身上汲取力量

一般来说，题目总是用来概括和揭示内容，利用破题而引起学生的期待和推测，也就给学生指出了认识的路径。

（四）采用始前教学的策略

教师在教学的开始阶段运用的一系列方法和措施对整个教学的组织起着十分重要的引导作用。国外将这些方法和措施叫作"始前教学策略"。哈特利指出："无论这些策略的具体作用如何，可以肯定，它们有三个主要目的：首先是帮助学生事先熟悉将要学习的内容；其次是为正式的学习提供范围，把学生将要学习的同他们已经知道和理解的联系起来；最后是突出新旧知识的辨别性，提高教材的清晰性和稳定性，从而加强学习，减少遗忘。"

（1）始前测验。主要是检查学生对新的学习已经知道什么和知道得怎样，包括与新的学习有直接联系的知识、技能、态度等。它可以用书面问答的方式进行，也可以通过口头问题、谈话和实际操作活动来实现。其作用主要包括两个方面：一是可以了解学生的状态，教师由此决定教什么、教多少和怎样教；二是增强学生对新学习情境的敏感性，促使他们对新知识与原有知识的联系程度进行自我评价，从而帮助他们在新的学习中积极促进新旧知识的相互转化。

（2）陈述目标。在教学开始时明确而具体地向学生陈述行为目标，能激发学生对新学习任务的期待，帮助他们形成正确的学习定式。大量研究都说明，行为目标确实能对学习产生积极作用。当然，在具体操作时还应考虑教学方法的特点、学习任务的特点和学生的特点。

（3）呈现概要。在教学开始时向学生呈现新学习材料的概要（内容提要），可以帮助学生事先熟悉或了解学习材料的关键内容，如关键的概念、原理和学习材料的一般结构，特别有利于学生形成良好的学习心向。有研究材料表明，通过图示、图表、地图等形式在正式材料呈现之前把新任务的概要呈现给学生，能促进和保持学习效果。

（4）选择先行组织者。

（五）引导学生尝试和探求

在导入环节如何强化学生的主体活动，使他们在尝试与探索中发现矛盾，获得经验，掌握学法，提高分析问题和解决问题的能力，是我们必须重视的一个重要方面。大量研究证明，最有利于学生发展的学习，是提供各种机会，创造各种条件，使学生自己去尝试和探索，从而发现某种规律性的东西——概念、规则或原理。这样做不仅能使学生的认知积极化，促进知识的意义建构，而且对于培养学生的进取精神和探究意识，发展他们获取新知识的能力，形成健全的人格，强化学习动机，都会产生积极的影响。

让学生先尝试探索

这堂课学习的是"分数的基本性质"。

老师先让学生拿出三张相同的纸条分别二等分、四等分、六等分，并将每张纸条的一半涂了颜色（如下图）。

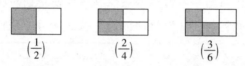

接着，老师并不急于一步步地讲解，而是让学生不看书，先自己思考如下四个问题：（1）分别把三张纸条涂了颜色的部分用分数表示出来 $\left(\frac{1}{2}、\frac{2}{4}、\frac{3}{6}\right)$。（2）思考三个分数之间的关系 $\left(\frac{1}{2}=\frac{2}{4}=\frac{3}{6}\right)$。（3）通过三个分数的关系，你发现这三个分数的分子、分母有什么变化规律？（4）通过分子、分母变化的规律，你能说说分数的基本性质是什么吗？看看谁发现得最早，说得最好。老师布置完思考探索题，给学生5分钟时间自主学习，自主去探索与发现，然后是全班探索、展示与讨论……

课始，教师并不急于讲解，而是出示一些蕴含特定知识的材料，让学生尝试着给出解答。这样做强化了学生的自主性，锻炼了他们的探究能力，在此基础上进行互动并给以必要的指导，这样做，学生就会学得主动积极，也会获得许多在听讲中难以得到的经验和体验。

三、 循序地展开

展开环节是上课的主体部分，要求学生对所学内容能有实质性的理解并初步掌握。课堂教学能否达到教学目标，在很大程度上取决于展开环节是否合理和有效。展开环节教师要做的工作有：

• 优化教材呈现

教师要精心选择和组织课程资源，要根据学生掌握教材内容的心理活动规律和教材本身的特点，把所学课题的逻辑意义转化为学生的心理意义，将外部的信息纳入原有的或经过改造的认知结构中。

• 指导学生编码

它的实质是要求教师根据不同的学习任务类型对学生进行有针对性的指导，帮助他们将刚刚接受的新信息结构化和意义化，从而贮存到长期记忆中，内化为自己的智慧和品质。

• 组织初步练习

当学生对新信息经过合理编码贮存之后，可以说此时他们已经初步习得（领会、理解）了新信息的实质含义。然而，这种习得还不能说是深刻透彻的，贮存也尚未达到经久不忘的程度。这时教师应通过适当的指导性练习让每个学生都动手、动脑和动口。借助课堂上的即时练习或讨论，一方面及时判断学生初步习得的新知识是否透彻完整，另一方面也可以促进学生深化理解，获得初步体验，并找出学习中的问题。

• 进行反馈评价

学生尝试练习活动必须通过形成性的、及时的评价或反馈才能达到它应有的作用。这种评价不是用来对学生的课堂学习评等排序，而是传递某种信息，让学生知道他在尝试练习中所表现的学习行为正确与否或正确程度如何，离期望的目标还有多远，通过与预期目标的比较为后续学习提供激励和帮助。

（一）讲究教材呈现的艺术

基础教育的课程改革使我国的中小学教材正悄然发生深刻的变化：教材的多样化使教材作为教学中唯一的"法定文本"的地位渐趋动摇，教材的功能定位也逐渐由"控制"和"规范"教学转向"为教学服务"。这种变化也为教师使用和呈现教材拓展了智慧空间。

教师呈现教材的方式多种多样。教师可以从原有知识的复习引出新教材，调动学生的知识经验，促进新旧知识的相互作用；教师也可以联系学生的生活实际，提出问题，使学生在讨论和研究问题的活动中学习、理解和运用教材；教师还可以提供蕴含某种内在理论和逻辑的素材，使学生讨论、研究和领悟，自己从中归纳或推演出结论。当然，教师利用教具或现代媒体，组织学生在活动中接触并运用教材，也是新课程学习所倡导的。总之，教师呈现教材可以不限于直接出现在教科书上的例题或文字，也不一定由教师一味讲解。

事例点击

都要照着课本教吗

那是武汉一个普通老师上的课：一年级《品德与生活》中的"祖国真美丽"。她让每个学生把自己参观名胜古迹时拍的照片带进课堂，并讲一讲照片的故事。课堂上，学生或高高举手，或沉思冥想，或单腿跪在椅子上，或醒目地站着，她只是微笑。在这种安详而活跃的氛围中，每个学生的个性都得以张扬。

她并不知道学生会谈到上海的东方明珠塔，不知道学生会提到香港的海洋公园，也不知道学生会说出天安门广场比洪山广场（武汉一著名广场）大多了的话，但她知道，在这样的互相讲述和倾听中，祖国的美丽已经融入学生的心灵。

这位老师并没有照本宣科，但达到了教学目标，也把课教活了。

（二）提供足够的例证和经验材料

学生的经验储备是理解一切知识的基础，没有足够的感性经验就无法形成理性的认识。因此，教师在教学的展开阶段要根据学生的实际为学生提供丰富的例证，或利用各种直观手段（包括实物直观、模拟直观、语言直观等），或调动学生的经验，或列举种种生动的现象和事例，或引导学生参与实践活动，或利用学校与社区可以获得的各种课程资源……总之，务必为学生理解书本知识奠定一个可靠的感性基础。

我们在这里提出要有足够的例证，还含有两方面的意思：一是例证应当包括正例（肯定例证）和反例（否定例证）；二是例证还要有变式，即变化正例的形式，使其本质特征保持恒定，而非本质特征时有时无，这样有助于排除无关特征，突出本质特征。

事例点击

一、从生活经验中析出函数关系

师：给大家举个例子。我们在生活当中常常遇到顶风骑自行车的情况，大家都有这种感受：风越大，骑自行车就越费力。对于一个正方形来说，边长越长，正方形的面积越大。这两个例子中都有两个因素，它们之间相互制约。大家能不能也举一些这样的例子？

生：人的身高越高，做衣服用的布料就越多。

生：船在水中航行，顺水走时水流的速度越大，船走的速度越快。

师：我们生活当中这种例子很多。大家分析一下，在这些例子当中都存在着什么样的量，这些量之间都有什么样的关系。

（学生思考1分钟）

生：骑自行车时风速和用力是两个变化的量。

生：正方形的边长和正方形的面积是两个变化的量。

生：人的身高和所用的布料是两个变化的量。

师：大家看这些量都是变化的量，我们把它们叫作变量。骑自行车时风速和用力是两个变量，正方形的边长和正方形的面积是两个变量，人的身高和所用的布料是两个变量。谁能说一说它们之间存在什么样的关系？

生：两个变量之间分不开。

生：一个量变化了，另一个量也随着变化。

师：综合上述两个同学的想法，生活中有许多相互制约的两个变量，我们把它叫作函数关系。但这种函数关系仅仅停留在我们现在的感觉上是没有用的，只有把它上升为数学问题，才能体现出它的价值。让我们看下面的问题。

（1）描点：根据表中的数据在平面直角坐标系中描出相应的点。

（2）判断：判断各点的位置是否在同一直线上。（可以用直尺去试，或顺次连接各点，观察所有的点是否在同一直线上）

（3）求解：在判断出这些点在同一直线上的情况下，选择两个点的坐标，求出一次函数的表达式。

（4）验证：验证其余的点的坐标是否满足所求的一次函数表达式。

教师引导学生感受函数关系，体验函数关系的数学价值，尊重每个学生的感受和思考，引导学生主动学习。

二、运用变式提供正反例

在小学一年级的自然课中，要教学生形成"动物"这个概念该怎么办呢？常见的办法是，把"动物"的定义抄下来；或者高明一点，编个口诀让学生背。可是，一位教师是采用提问组成的问答来教学的。

师：为什么说鸡、鸭、猪都是动物？

生：因为它们都会叫唤。

师：对吗？蚯蚓不会叫唤，可它也是动物啊！

生：蚯蚓会爬。会爬、会走的都叫动物。

师：鱼不会爬，不会走，只会在水里游动。鸟会飞，不是动物吗？

生：它们是动物，因为它们会活动，能活动的生物叫动物。

师：能活动的生物叫动物，可是，飞机会飞是不是动物？

生：飞机自己不会飞，是人开动的，它没有生命，不是动物。

师：对了，能自己活动的生物叫动物。

提供非本质特征不断变化的例证，使学生逐步把握事物的本质特征，这是概念教学常用的方法。

（三）引导学生深入理解教材内容

理解即我们常说的"懂"。它是运用已有的经验、知识去认识事物的种种联系、关系，直至认识其本质、规律的一种逐步深入的思维活动。在教学中，学生了解一个词的含义，明确一个科学概念，辨明公式、法则，或者是解释课文的语句，把握段落大意和全文的中心思想等都属于理解。理解是掌握知识的重要环节。只有理解了的东西人们才能更深刻地感知它，理解基础上的记忆效率才高，理解了的知识才有可能迁移和应用。由于学习的对象及其特点的不同，理解可以分为对言语的理解、对事物性质的理解、对因果关系的理解、对逻辑关系的理解等。

在展开环节，对教学内容的深入理解主要有两方面的要求：一是对所学课题能在感知的基础上由此及彼，由表及里，去粗取精，去伪存真，真正把握其本质和规律，而不只是停留于字面的记诵或机械重复的操作，学生应当"由例及类"，能类化，能用于分析解决问题。二是要明白教材上的语言的意义，即要以语言为中介，把人类对于客观世界的现象、事实及其规律的认识成果内化为个体头脑中的经验系统。语言在学生对知识的理解和认知加工过程中有毋庸置疑的作用。这种作用主要表现在通过语言的抽象概括，对感性材料进行加工提炼，使之成为清晰、明确、精细的概念和原理，有较高的概括性以便迁移。同时，语言使抽象的概念和原理的意义明晰化和固定化，促进新旧知识之间的联系，形成概念系统。

事例点击

一、在不经意的地方点拨

教《景阳冈》一文，特级教师徐善俊让学生带着这样一个问题读第九节："老虎对武松进攻了几次？武松是怎样对付老虎的进攻的？"老师把学生讨论的结果写在黑板上：

$$
\left.\begin{array}{l}
一扑 \\
一掀 \\
一剪
\end{array}\right\} 一闪
$$

然后，老师问学生"闪"是什么意思。学生从字面上理解，闪是躲的意思，查字典也说"闪"是"侧转身体躲避"。老师接着又问："既然'闪'就是'躲'，课文里为什么用'闪'不用'躲'？"学生再仔细读课文，结合上下文具体语言环境体会"闪"到底有什么含义。读后有的学生说："闪"显得动作快，而"躲"就显得比较慢；有的学生说："闪"显得动作灵活、敏捷，而

"躲"则显得笨手笨脚；也有的学生说："闪"是主动地躲开，而"躲"则显得很被动，是没有办法才躲的……大家比较深刻地认识到"闪"确实比"躲"好。

学生在学习某一内容时，常常自以为"懂了"，其实未必，这就需要教师给予指点，把学习引向深入。

二、理清头绪，掌握要旨
——《论雷峰塔的倒掉》的教学设计概要

上课伊始，解题之后，教师对学生说："这篇课文的标题是《论雷峰塔的倒掉》，请大家认真读读课文，读课文之后说说这篇课文议论的对象是什么。具体说，就是本文议论的对象是人还是物，是事还是理。"

读完课文学生各自发表看法，有的说议论的对象是雷峰塔，有的说议论的对象是雷峰塔倒掉这件事，有的说议论的对象是白娘娘，有的说议论的对象是法海，还有的说议论的对象是从雷峰塔的倒掉引出来的道理。教师要求学生发言时都要引用课文进行说明，因此通过这一教学活动就达到了熟悉课文的目的。

此后，教师安排学生结合课文说说关于雷峰塔课文都写了哪些内容。通过研读课文，教师指导学生认识到，本文写了雷峰塔今昔的变迁和作者对今昔雷峰塔的态度。为什么持这种态度？有三个方面的内容。

之后，教师依上述方法进一步引导学生说出关于白娘娘课文写了几个方面的内容，关于法海课文写了几个方面的内容。

当学生把这几个问题搞清楚之后，课文的头绪就历历在目了，许多问题也就迎刃而解了，诸如哪些内容是记叙，记叙这些内容有什么作用，哪些内容是议论，这些议论是针对什么说的，这些议论表明的观点是什么，提出这些观点的根据是什么，等等。这些问题解决了，本文议论的中心以及议论的方法也就不难理解了。

对一些不容易把握的课文，教师要指导学生理清头绪，把握主旨，才能深入其堂奥。

（四）在巩固练习中实现真正掌握

　　学生对知识和技能的掌握不是一蹴而就的，即使是学生已经理解了的东西，不巩固也会遗忘，不练习也难以继续深化并达到熟练，因此在教学的展开环节，我们必须引导学生动手、动口和动脑，在"做"和"用"中深入地学。应当看到，巩固性的和练习性的作业是课堂教学中的重要一环。它对于学生巩固和运用知识，熟练掌握知识，发展能力以及增强学生的自主性和责任感，都有重要的、不可替代的作用。美国著名教育家杜威就十分强调"主动性作业"的特殊重要性。苏联教育家巴班斯基在谈到教学最优化和减轻学生负担时，告诫人们"不要取消作业"，而是要"从一道练习作业中取得最大可能的效果"。

（五）及时校正学生学习中的差错

　　学生在学习中出现差错是难免的，应当视为他们学习中一个正常的部分。教师在教学的展开环节要及时发现学生的差错，适时校正，同时要把学生的差错作为一种教学的资源，利用差错去澄清模糊的认识，辨析混淆的问题，突破教学的难点，强化关键的记忆，要让学生从差错中吸取经验教训，增加体验，提高学生发现问题、研究问题和解决问题的能力。

找准学生学习中易错之处

　　教师：我用最小刻度是分米的直尺测量出讲桌的长度是 9.8 分米。请一位同学到前面来，在黑板上将这一数据分别用千米、米、厘米和毫米表示出来。

　　学生：9.8 分米＝0.00098 千米＝0.98 米＝98 厘米＝980 毫米。

　　教师：他做得对不对？你们也是这样做的吗？

　　学生异口同声地说：对。

这时教师在前面三个等号处画"√"，在最后一个等号980毫米处画"×"。全班哗然。

教师启发学生悟出其中的道理：9.8分米中的8是最后一位数字，这说明它是一个估计值。而980毫米中的8却是百分位的精确值，末位的0才是估计值。这种使8从不可靠数字变成了可靠数字的推导，错误地表现了这把尺子的准确度。怎样才能既正确地反映测量仪器的准确度，又正确地表示测量数据的量值呢？学生在讨论中逐渐明白了：用有效数字就能正确地处理这一矛盾。正确的写法是：

9.8分米＝9.8×10^2毫米

学生可能发生的差错往往是教学中的重点或难点，教师在教学设计时应当有所估计，课堂教学时要运用各种方式化解学生认知上的矛盾，使他们在正误比较中廓清模糊的认识。

四、 灵活地调节

课堂教学是一种依据目标、导向目标的实践活动。不管事前的教学设计有多周密，多完善，都免不了在充满活力的课堂情境中出现变数。因此，根据教学目标调整教学的速度和教学内容的密度，根据学生学习的状况调整教学的方式、方法，可以说是常见的事。有时，针对学生普遍存在或最易出现的错误反应或动作进行补救性教学，或者对原定目标加以延伸和拓宽，进行补充性教学，也是调整环节应有之义。

在调整环节应当抓好哪些方面呢？

（一）敏锐捕捉反馈信息

反馈是学生学习的重要条件。美国心理学家加涅认为："学习的每一个动作，如果要完成，就需要反馈。"反馈也是教师调控教学过程的重要条件。当代著名教育心理学家布鲁纳、加涅、布卢姆等人几乎都曾以不同的表达方式强调过反馈在教学中的作用。关于反馈在教学中的重要意义，我国学者和教育实践家顾泠沅根据国内外的教学改革实践经验，提出了一个反馈原理。这个原理是：学习者的心理和行为朝向预期目标的发展，都需要反馈调节。教育者及时地、有针对性地调节教学，学习者参与自我评价，可以极大地改善学习的进程。有效的反馈机制是目标达成的必要保障。

教师对课堂教学调整的必要性和有效性是以他接收到的反馈信息的准确性和全面性作为保证的。教师可以通过观察、谈话、考查、作业等方式及时地捕捉来自学生的信息，作为调整教学的依据。

苏联教育家苏霍姆林斯基说过："对一个有观察力的教师来说，学生的欢乐、惊奇、疑惑、受窘和其他内心活动的最细微的表现，都逃不过他的眼睛。"学生对旧知识是否牢记，对新知识能否接受，对教师的教学方法是否适应，全都写在脸上，尤其集中在眼神里。如果教师具有一双洞察入微的慧眼，便可以根据学生眼神的变化、面部表情、动作姿态和与教师的接近度等，明白自己知识传授的正误深浅、难易快慢和详略疏密，从而迅速采取相应的调节措施：误者正之，深者浅之，化难为易，快慢适中，详略得当，疏密有度。

事例点击

一个疑问引出的教学调整

学习古诗《登鹳雀楼》时，教师把鹳雀楼的图片放映到屏幕上，并有感情地指导朗读了全诗。一个学生提出了疑问："'登鹳雀楼'是说诗人已经上了楼，如果要'穷千里目'，还要'更上一层楼'，这样楼就应当有三层，可是图上为什么只有两层？"

莫非是图错了？教师怔了一下，便先使用"缓兵之计"说："是图错了呢，还是诗写错了，还是图和诗都没有错？"教室里顿时肃静下来，大家都努力思考。教师缓过神来接着点拨："'欲穷千里目，更上一层楼'是描写诗人登楼时的想法呢，还是写诗人登了一层还要再登一层？"于是，学生展开了热烈的讨论：

"可以是诗人一边上楼一边想，也可能是上了楼，觉得这楼不够高，还看不到远处景色的那种可惜的心情。"

"这是诗人在对我们讲一个道理，要登得高才能看得远。"

"这种想法与楼有几层没关系，即使站在二楼上也可以有这种想法。"

教师说："你们说得很有道理。'欲穷千里目，更上一层楼'是诗人的想法，体现了积极向上的愿望，不是……"教师欲言又止。这时说图画错了的孩子接过话说："不是站在楼上的诗人说鹳雀楼还有第三层。"

这是由一个学生质疑而引发的教学调整。其实，课堂上学生反馈的信息有些是明显表达的，有些是隐藏暗示的，教师应对此保持敏锐的感受，有针对性地加以回应。

（二）变化教学活动方式

教师在捕捉到足够的反馈信息后，通过分析与综合，应当做出一种调整变化的决断。教学是一种创造性活动，课堂教学的种种稳定的程序、模式、规范和方法都只具有相对的意义。教师的教学变化技能是他们教育机智和应变能力的表现。当然，教学中的变化可以是一种微调，如面部表情、身体姿势、目光接触、手势暗示，或者语气、语速、节奏、音调等的变化，也可以是变化信息传递通道，让学生的多种器官吸收教学信息，如利用多媒体和各种教具、学具。在教学调整环节中的变化，通常还要涉及教学活动方式，在课堂教学中，变化教学方法和方式不仅是指根据教学目的、教学内容和学生的特点，选择、组合、变换和穿插使用各种方法（如讲解、提问、演示、读书等），而且包括灵活地变换各种教与学的个别活动方式（如游戏、操作、表演、模拟、说唱等）。教学方法和方式的变化，有利于各种方法和方式优势互补，相互配合，实现教学的最优化，提高教育活动的质量和效率，有利于激发学生的积极性，稳定学生的注意力，引起学习兴趣，推动学生参与教学活动，促进他们能够主动地、生动活泼地学习。

在课堂情境中，显然存在着单向的（教师讲，学生听）、双向的（师生问答）和多向的（教师与学生、学生与学生）多种沟通和交互作用形式。在教学中，师生交互作用方式的变化既可以采用讲授、问答、小组讨论等方式进行教学，又可以用"茶馆式"（读读、议议、讲讲、练练）、"蜂音会议"（商议教学）甚至"开放式"的学习方式。据研究，各种交互作用方式的结合和变化，对于提高学生心理活动的效能，发挥学生的主动性和积极性，发展学生的智力，都有积极的作用。

一堂课的活动方式变化①

这是德国巴伐利亚州开设的一堂 P. C. B.（物理、化学、生物）综合课，上的是小学三年级的一个题目："树木　我的朋友"。

上课了，教室里回荡着优美动听的《唤醒森林》的乐曲，教师抒情地讲述："孩子们，请闭上眼睛，充分想象：深秋的傍晚，太阳徐徐落下山坡，在静静的小溪边挺立着一棵苍劲的大树。请大家感受一下它那粗壮的树干，挺拔的树枝，还有那碧绿光滑的树叶……"当小朋友睁开眼睛时，出现在屏幕上的正是一棵参天大树。

"谁能说出一棵树最多能长多少叶片？"老师问。"1000 片树叶。""1 万片树叶。"……学生们抢着回答。老师说："叶片最多的阔叶树可以长出 20 万至 60 万片叶子呢！"

老师又问："树最长能存活多少年？"学生们议论纷纷，当老师说山毛榉树能活 900 年，菩提树能活 1000 年，紫杉树能活 2000 年，古代巨橡树甚至能活到 4000 年时，大家都惊呼起来。

接着，老师介绍一棵树每天能散发出三四澡盆的水分，树上可生存 100 多种动物（主要是昆虫），树能给人们带来新鲜而清洁的空气，要是没有树木、丛林，人类将无法生存……"为了保持空气清洁，为了使动物有自己的住所，为了使我们拥有美丽的环境，小朋友，我们能做些什么呢？"

同学们异口同声地回答："植树。"

于是，老师带领大家来到室外。为了进一步激发同学们热爱树木的真挚感情，老师把孩子们编成三人一组，轮流蒙上眼睛，要求他们把耳朵紧紧地

---

① 肖锋. 学会教学：课堂教学技能的理论与实践 [M]. 杭州：浙江大学出版社，2004：338.

贴在树干上，聆听树木对孩子的"窃窃私语"，用小手触摸树木的"皮肤"，用鼻子闻闻树木的芳香……沟通孩子们与树木的心灵，然后进行生动、活泼的交流。

植树活动开始了，孩子们有的铲土挖坑，有的推小车装泥，有的清除杂草，有的拎桶打水……在大家的努力下，一棵充满生命活力的小栗树"站"起来了。大家在小栗树周围围成一圈，老师深情地说："象征着我们班级集体的小栗树，从今天开始了它的新生活，在它的成长过程中将会遇到许多困难和危险，如恶劣的天气、虫害、人为的灾难等，小朋友，我们该怎样来保护它呢？"大家提出了许多积极、有效的措施。最后，老师请大家静默一分钟，并轻声细语："祝愿我们的小栗树茁壮成长，我们一定精心保护它，决不伤害它。"

回到教室，老师又引导孩子们开展热烈讨论：树木究竟给人类带来什么好处？小栗树长成枝繁叶茂的大栗树需要多少年？我们能为小栗树做些什么？孩子们从各种不同的角度，用他们特有的思维方式，展开了热烈的讨论，教师不时地鼓励和赞扬。为了进一步强化同学们关心、爱护小栗树的爱心，老师让每一个孩子给小栗树写上一句"悄悄话"，挂在小树上。不一会儿，一张张充满童趣的纸片出现在树枝上："我会经常给你浇水的""你永远是我的好朋友""我不会在你身上刻字的"……

最后，在手风琴的伴奏下，大家唱起了主题歌《我有一个朋友是栗子树》。孩子们唱得那么投入，那么动情。

这是一堂综合实践活动课，教师在这样的课上既传知识讲道理，又组织学生从事各种活动，教学的方式和方法多种多样，学生在有趣的个性化活动中真正领会到相关内容的意义，增强了情感体验，提高了实践动手的能力。

（三）认真抓好"双补"工作

"双补"即补救和补充。"补救教学"指依据学生学习状况的反馈信息，对学习中没有解决的普遍性问题和应加以强化的重点与难点进行再次教学，这在布卢姆的"掌握学习"模式和在上海青浦的教改实验中被称为"反馈回授"。"补充教学"则是对教学中生成的新问题或为了拓展学生智能而进行的扩充教学。无论是补救还是补充都不是简单的重复，都应当注重有的放矢。

教《卧薪尝胆》的补充和扩展

师：同学们，勾践需要卧薪尝胆，我们要不要卧薪尝胆？

生：不需要。

师：为什么？

生：因为我们不需要报仇雪恨。

师：没有仇，没有恨，就不必卧薪尝胆吗？

生：我们的生活很幸福，不需要这么苦。

师：请同学们认真听老师的这句话：为了中国的航天事业，中国科学家卧薪尝胆几十年，终于将中国的第一颗人造地球卫星送入了太空。你们说：中国科学家有仇恨吗？他们是否每天都睡在柴草上，每顿饭前都要尝一下苦胆？

生：老师，我觉得我们需要卧薪尝胆。比如，中国足球队要成为世界冠军，就必须卧薪尝胆。

师：中国足球队需要的是卧薪尝胆的精神！

生：我也要卧薪尝胆。

师：你又没有仇要报，怎么也要卧薪尝胆？

生：我将来要成为一个大学者，现在就要卧薪尝胆，刻苦学习。

师：为了实现自己远大的理想，也需要卧薪尝胆的精神！

生：我们学校正在创建实验小学，也需要卧薪尝胆。

师：我们的学校要发展，也需要这种精神！

师：这种卧薪尝胆的精神就是忍辱负重、奋发图强、坚持不懈的精神！

（生齐读）

师：古人将这种卧薪尝胆的精神蕴藏在这么一副对联里，老师把它写下来，看谁能背下来。（板书：有志者，事竟成，卧薪尝胆，三千越甲可吞吴——苦心人，天不负，破釜沉舟，百二秦关终属楚。）

（生读、背对联）

师：同学们对上联不难理解，下联理解吗？

（生摇头）

师：老师有个建议，建议大家回家后自己查一下有关的历史书，或者请教家长。如果同学们采纳了老师的建议，我将感到非常高兴。

在这个课例中，显然学生对"卧薪尝胆"的理解并不正确，需要教师补课。通过课堂上的互动，学生获得了正确的认识，教师还进一步布置了扩展性的学习任务。

五、 隽永地结束

教学是一门艺术。无论是教一章、一节，还是教一课，其教学的过程都应当是一个浑然天成的整体。当课堂教学将要画上句号时，教师切莫虎头蛇尾。好的课堂教学结尾，应当从教材实际和教学目的出发，不仅对该课有加深主旨的作用，而且对学生以后的学习也具有极大的好处。一般要做到以下三点：一是随机性，即能根据下课铃响时的教学情况，随机应变，使之恰到好处；二是承接性，即能使本节课告一段落，又能开启下一节课，起承上启下的过渡作用；三是诱导性，即要意在言外，给学生留下充分思索的余地，以激发学生课外探究知识的兴趣。当然，结课语要简洁明快，干净利落，戛然而止，能带上一点幽默感就更好了，切不可拖泥带水，当断不断，意尽而言未尽。结课的功用表现在以下三个方面：

• 对教学内容进行梳理、归纳和总结，加深巩固学生所学知识并使之系统化。

• 促进知识的拓展、延伸和迁移，为新知识的学习做准备。

• 激发并维持学生的学习动机，培养学生的主动精神和创造能力。

（一）进行概括总结，理清知识脉络

结课的一个重要目标是让学生对一个课题形成总体印象。这样做的深刻意义早已为许多心理学家所揭示。美国教育心理学家布卢姆在对学习的认知目标进行分析时，认为学习目标的最后两级是"综合""评价"，学习者要"把已有经验中的各个组成部分或各种要素，重新组合成一种新的、更清晰的整体，形成一种新的结构"。心理学家奥苏贝尔提出的课程与教学原则中有一个综合贯通原则。他认为，学生的认知结构中已有的观念可以重新组成彼此关联的观念，这样不仅获得了新知识，而且认知结构中原有的因素经过新的组织又获得新的意义。布鲁纳则强调让学生掌握知识的"基本结构"。他说："掌握事物的结构，就是以允许许多别的东西与它有意义地联系起来的方式去理解它。简单地说，就是学习知识是怎样关联的。"

当然，对学生所学的教材内容进行概括、总结和综合并使之系统化，不能只靠结课，但结课无疑应当分担这一任务。

结课时抓住重点和特色，概括要义

教《回忆我的母亲》一文时，有位老师这样总结：这篇课文情真意切。这种情，是纯真的母子之情，也是高尚的战友之情。这种情，不是凭空而发的，而是寄寓在对往事的一件件具体记叙之中的。作者感情的波涛，随着一件件往事的出现，奔涌起伏，激荡不已，读来亲切感人。要做到寄情于事，情随事现，就必须精心选择材料。母亲一生可记叙的事情很多，作者精选了最能表现母亲勤劳伟大的几件事来写，也是自己印象最深，对自己影响最大的事来写。这样，不仅母亲平凡而伟大的形象具体生动，跃然纸上，而且作者思想感情的容量和深度都得到了充分的表现。

这是一段语文课的结束语。教师拣出朱德的《回忆我的母亲》一文中对学生最具启示意义的特点加以强调，显然是经过斟酌的。这种结束语虽不像数理学科那样条分缕析和简洁明快，但也能给学生留下深刻的印象。

（二）提示课后事件，做好衔接过渡

课的结束并不意味着学习的结束，因此教师要通过提示和指导，为学生学习以后的知识埋下伏笔，实现教学活动的自然衔接和过渡。这包括建立课与课之间的联系，把学习从课内引向课外，组织多样化的练习和活动，布置和指导学生的作业等。

提出课后要求，为下一课学习做好准备

初中物理"热的传递"学完"传导"这一部分后，可以这样来结课：前面我们研究了热的传递的一种方式——传导，热的传递的另一种方式是对流，我先演示个小实验给你们看看。这是用一般图画纸做的叶轮，我把它放在酒精灯的火焰上。看，叶轮转动了。这到底是什么原因呢？我们下节课再来继续研究。

这则案例着眼于知识点之间的联系，把"点"上的学习放到结构的背景上，而且用一个小实验引起学生预习和进一步探求的兴趣，为下一次学习埋下一根导火索。

（三）激发学习热情，鼓励探索创新

结课环节对学生进行激励，使他们保持旺盛的学习热情和强烈的探索动机，这对学生持续有效学习无疑是十分必要的。教师或设置悬念，或留下问题，或引导学生进入新的活动领域，或为探索和研究指明路径，这些办法在新课程实践中已被广泛采用。

激情励志，引导探究

特级教师陈钟梁在教《大自然的语言》一文结课时满怀激情地说："物候学是多么有趣的一门科学啊！大自然以它生动优美的语言——草木荣枯，候鸟去来，花香鸟语，草长莺飞，向人们倾吐内心深处的秘密。这些秘密带来了农业的大丰收。大自然倾吐的秘密，好像斯芬克司之谜，只有辛勤的人才能找到谜底。你看，为了能解开这个谜，科学工作者研究了纬度的差异，经度的差异，高下的差异，古今的差异，以高度的热情，严谨的态度，为洞悉大自然的奥秘付出毕生的精力。我国卓越的科学家竺可桢，在他74岁临终的前一天，还坚持用颤抖的手写下当天的天气情况，并注上'局报'两个字。多么可贵的科学热情，多么可贵的严谨作风。物候学与我们同学一样，正处在年轻时期，风华正茂。有志于此者，将会大有作为！"

第六章

设计一堂好课要抓住哪些创新之点

教学设计是教师的一种理论思维和艺术创造，饱含着教师的价值追求和教育智慧。新课程的教学设计，要根据各学科课程标准的要求和新课程课堂教学所秉持的生活性、发展性和生命性的理念，不断进行探索创新。

教学设计是教师的一种理论思维和艺术创造，饱含着教师的价值追求和教育智慧。新课程的教学设计，要根据各学科课程标准的要求和新课程课堂教学所秉持的生活性、发展性和生命性的理念，不断进行探索创新。张圣华曾描述新课程教学设计的一些鲜明特征：

　　它不是对课堂情景进行面面俱到的预设，它只描述大体的轮廓，它只明确需要努力实现的三维目标，它给各种不确定性的出现留下足够的空间，并把这些不可预测的事件作为课堂进一步展开的契机。

　　它不是外在于教师精神生命的"怪物"，而是教师生命力的载体和再现。它是教师构思教学的过程，它凝聚着教师对教学的理解、感悟和教育的理想、追求，闪烁着教师的教学智慧和创造精神。一句话，它是教师教学过程中的创造性劳动。

　　它不是一出已经定稿的剧本，而更像是一部不能画上句号的手稿，一直处于自我校正、自我完善的动态发展之中。它是课前构思与实际教学之间的反复对话，是一次次实践之后的对比、反思和提升。至少，它的重要意义并不体现在课前的一纸空文，而是展现于具体的教学过程、情境和环节之中，完成于教学之后。

　　它始终充满悬念，因而能不断产生令人激动的亮点。唯有如此，它才能实现与教学现实的融合，并因此而丰富自己，获得旺盛的生命力，才有可能凝练为可供愉悦对话的文本。[①]

　　设计一堂好课到底要抓住哪些创新之点呢？

一、　构建学习中心的课堂

　　新课程的教学设计倡导系统教学设计。系统教学设计致力于设计、开发、利用及评价恰当的学习环境、学习资源和学习经验，因此，"为学习设计教

---

　　①　张圣华. 新课程标准下的理想课堂到底什么样［N］. 中国教育报，2002-11-28.

学"这一当代杰出教学设计理论家罗伯特·M. 加涅提出的名言，正是人们长期以来对学与教关系深刻认识的总结。教学本身是围绕着学习展开的，教是为学服务的。为学习设计教学即意味着不能仅仅考虑教师教得方便，教得精彩，教得舒畅，而是把学习和学习者作为焦点，以教导学，以教促学。

（一）教学设计的目的是促进学生的学习

教学设计既然是为学生更有效地学习而设计，就应当对学生的实际状况有一个十分清晰的认识，学生学习的起点在哪里，他们经验中的前科学概念有什么可利用之处或需辨识的地方，他们感到困惑或难于解决的关键点何在，教学目标和教材内容在促进学生发展方面所提出的要求在实现时的具体障碍究竟是什么……这些都需要教师摸清底细，以便有的放矢。教学设计只有从学生的实际出发，具有针对性，才能促进学生学习。

真正摸清学生的实际情况

张翼健老师善于把调查带进课堂。在初一的教学中，他集中安排一个写人的单元，教材内容选了《鞠躬尽瘁》《罗盛教》《夜明星》。为了做到有的放矢，他在讲前先让学生写一篇文章《我的老师》。这次作文反映出学生在写人方面存在两个问题：一是分不清写人的文章和记事的文章的区别；二是弄不清人与事的关系，不会用典型事例来表现人物。掌握了这一情况，他就确定这一单元的教学目的为：具体了解写人文章中人与事的关系，引导学生细心体会课文是怎样处理这一关系的。为了检验效果，在学完前两篇课文之后，他又让学生写了第二篇文章《我的XX》（写自己的一个亲属）。这次作文基本上解决了前次出现的两点毛病，但又发现学生的两个普遍性的缺点：一是写人总要写得"高大"，表现人的事也要"大"；二是说"大人话"，不会用自己的语言。根据这次出现的情况，他在讲授第三篇《夜明星》时又补讲了魏巍《我的老师》一文，着重讲了如何选取有意义的小事，让学生了解小事也能说明大问题的道理。学完《我的老师》，他让学生再练习写一篇《我的同学》，要求用自己的话写，表达真情实感。这一次学生的文风有了明显的变化，普遍写得比较真实亲切了。

这个教学设计把"为学而教"的理念充分体现出来了，教师教什么和怎么教都是为了真正解决学生的问题，所以要对问题做到心中有数。

（二）教学设计的依据是学生的学习需求

从理论上说，学生的需求既反映社会对他们的要求（即学科课程标准提出的素质要求），又反映个体在发展中出现的需要（即个体觉得需要解决的问题）。从实践上看，教师在教学设计时常常会碰到一些疑虑和困惑。教师在这时应当更多地关注学生的需求和意见。既然"教"是为"学"服务的，教师就应当"用儿童的眼光"去看待教材（苏霍姆林斯基），重视学生对教师教学的感受和评价，以平等、尊重、宽容的态度，认真分析学生的需求。针对他们的疑难，调动他们的经验储备来解决自身学习中的问题。

利用学生的经验去解决学习中的问题
——《早春》教学对学生疑惑的处理

生1：老师，我对"草色遥看近却无"一句感到有点儿奇怪。为什么绿色的小草在远处能够看到，到近处却看不清楚了呢？

生2：老师，我也是这样认为的。如果绿色在远处能够看到，到近处看不是更清楚吗？

师：有道理。对他们的疑问谁有办法帮助解决？

（生摇头）

师：在你们的生活中有类似的情境吗？

（生进入思考状态，片刻便有人举手）

生：那天我去上学，街上逢集，离集市还有好远，我远远望去，集市上人山人海，没有一点儿空隙。我真担心，这么多人怎么从集市上走过去。可是当我走到近处一看，人虽然多，但是人与人之间的空隙还有很多，我不费力气就穿过了集市。

生：由这句诗我想起了这么一个画面。去年冬天的一天，我去外婆家，正巧外婆家所在的镇上在搞水利建设。老远一看，水利工地除了人多外，还有就是旗多，简直就是旗帜的海洋。我想，怎么有这么多的旗帜？但当我走到近处一看，旗帜虽多，但并不像在远处看到的那么多，那么密。

生：由这一句诗我想起了去年在家和爸爸一块插秧的情景。在插秧以后，我发现整个田里秧苗稀稀疏疏，零零星星，可当我们远离秧田再回头一看，那秧田里一片绿色，几乎看不见水。

师：同学们说得多好啊！听你们这么一说，老师对诗句所描写的意境也有了具体、真切的感受了。可见这首诗是作者认真观察了早春景色后写成的。①

学生学习和发展的需求常常具体化为学习上一个个的疑点或问题。善于调动学生的经验去化解他们的困惑，是教学设计的高超艺术。

（三）教学设计的决策可征询学生的意见

教学设计虽然是教师对教学活动的一种事先构想和策划，但也不妨在听取学生意见的基础上，让学生有机会加入教学决策中，这样可以强化学生的参与感和自主意识，充分调动他们的积极性和能动性。下面一个例子能够很好地说明这一点。

特级教师魏书生听取学生的意见②

在教《公输》这篇课文时，魏书生起初由自己来提出教学目标："今天我们来学《公输》这篇课文，课文比较长，老师想用两课时讲完。"说着，他便转身去写板书，刚写完课题，便有同学喊："报告！"

---

① 成尚荣. 为语言和精神同构共生而教：小学语文教学案例解读 [M]. 南京：江苏教育出版社，2001：140-141.

② 肖琪坤. 教育改革家：魏书生 [M]. 北京：北京教育出版社，1991：138-139.

"什么事?"魏书生问。

喊报告的那位同学站起来说:"老师,我不同意这篇课文讲两课时。"

"为什么不同意呢?"

"我认为这课文虽然长,但语言比较好懂,如'起于鲁,行十日十夜而至于郢'。有些难懂的句子,课文下面都加了详细的注解。老师不在家这几天,这几篇文言文我们又都自己翻译了,再用两节课时间,不白白浪费一节课吗?"

魏书生听了,略一沉思,便向大家问道:"同学们,还有谁赞成他的意见?"没料到有三分之二以上的学生都赞成这样做。于是,魏书生说:"那就照老规矩办,服从多数,只讲一节课,将这两节课的学习重点合二为一吧!"

后来,这节课上得较顺利,只用一课时,重点、难点都解决了。

魏书生老师"略一沉思"说明他对学生的意见和建议是做过分析的,既体现了魏老师的教学民主和对学生的尊重,又并非盲从和放任。

二、 创设有效的学习环境

随着学习理论的进一步发展,教学设计也经历了一次革命,特别是建构主义的兴起,对学习的本质提出了新的解释。在建构主义者看来,学习者不是被动地接受信息,而是根据自己先前的知识对当前知识进行积极的建构;学习是累积性的、自我调节的和目标定向的,也是情境性的和合作的。正是由于学习产生于学习者与环境互动情况下的积极建构,因此,为学生提供(或与学生共同创造)一个有效的学习环境,就成为教学设计必须解决的问题。

(一) 学习环境是对学习行为的支持

著名教学设计专家梅里尔等人在《教学设计新宣言》一文中反复强调:

教学设计是一种用以开发学习经验和学习环境的技术，这些学习经验和环境有利于学生获得特定的知识技能。现代教学设计认为，教学设计者的主要任务是设计学生的学习环境，学生在学习环境中完成对知识的学习。学习环境的功能是为学习者完成学习行为提供资源、工具和人际方面的支持。其中，学习资源包括各种所需的信息材料，帮助学生学习的各种信息以及对信息进行加工处理的工具，学生学习的空间等。人际关系是指学生之间和学生与教师之间的人际交往。"学习环境是学习者产生学习行为的容器，是对学习行为的支持。"

促进学生有效学习的环境应当是什么样的环境呢？钟启泉教授把它称为使学生能够成为学习活动之主体的"应答性学习环境"（也有人称为"相互呼应的社会环境"）或"参与型教学"环境、"对话型教学"环境。学生直面这种环境，他们就会直接地作用于它，解决自己学习的课题。现代建构主义主张，尽量把学习情境并入真实的生活情境中去，使学习与生活接壤；尽量用先进的技术设备模拟问题情境，使学生在情境中感知，加强语义知识与形象知识的连接；尽量创造和谐、民主的人际环境，加强师生之间的交流，促进师生、生生之间的互动。实际上，完善的学习情境包括真实的任务情境、先进的物质设备环境、经过精心组织的信息（教材与其他课程资源）环境、教师创造的积极的心理环境等。

（二）建构主义的学习环境设计

建构主义视角下的学习过程常常与学习环境创设联系起来。在达菲和乔纳森合编的《建构主义与教学技术》一书中，许多学者都认为，有目的的知识建构可以借助有以下特点的学习环境得以发展：

1. 对现实提供多种表征，避免在教学中过分简化自然界与人类现实的复杂性。

2. 关注知识建构而不是知识再生产。

3. 提供真凭实据的任务，即有上下文具体真实情境的任务而不是抽象指导的任务。

4. 提供实际生活型、个案型学习环境而不要事先确定好教学序列。

5. 重视反思性实践。

6. 建构结合具体情境和具体内容的知识。

7. 通过社会协商而不是彼此无谓竞争给集体协同建构知识予以支持。

乔纳森认为，至少从某些方面来说，设计建构主义学习环境比设计客观主义教学更为困难，这是因为前者尚无清晰的设计模式来说明教学事件的序列。甚至有些人认为这样的设计模式是不可能的，因为知识建构过程至少在某种程度上来说是依赖于具体情境的。

乔纳森提出了从过程取向着眼设计建构主义学习环境的一组启发式，称为 3C，即情境（context）、协作（collaboration）和建构（construction）。首先，建构主义学习环境设计应关注知识的建构；其次，应创设有意义、真凭实据的学习情境并运用他们已建构的知识；第三，学习者之间、师生之间应协同努力，教师应起到指导与督促的作用而不是一个知识供应商。

创设一个促进学生探究的学习环境

一位教师在讲"三角形面积的计算"时，设计了这样一个学习情境：

（屏幕出示：三个形状各异的三角形，画在一张布满方格的纸上）

师：请同学们观察屏幕上的三个三角形，用数方格的方法数一数它们的面积各是多少。每个小方格的面积是 1 平方厘米，不满一格的按半格计算。

（过了大约 5 分钟才有几个学生举起手）

师：同学们，你们感到用数方格的方法来计算三角形的面积，怎么样？

生 1：数不好。

生 2：数得太慢。

生 3：还容易出错。

（教师让学生用数方格的方法计算三角形的面积，亲自体验、感受数方格方法——慢并且容易错，从而激发学生去寻求简捷有效的计算三角形的面积的方法）

师：那么，咱们能否想一种更好的方法来求三角形的面积？请同学们以小组为单位，用学具袋里的三角形、平行四边形试一试，好吗？（过了大约 10 分钟，大部分小组已找到简单的求三角形面积的方法）

师：每组请一位同学，汇报你们小组找到的方法。哪组先发言？

生1：我们组用剪的方法。我们把一个平行四边形沿一条对角线剪开，我们发现三角形的底、高与原来平行四边形的底和高分别相等。所以，一个三角形的面积等于原来平行四边形面积的一半。

生2：我们组是用拼的方法。我们把两个完全一样的直角三角形拼成了一个长方形，我们发现一个三角形的底、高与拼成的长方形的长和宽分别相等。因为长方形面积等于长乘宽，所以，一个三角形的面积等于拼成的长方形的面积除以2。

生3：我们组也是用拼的方法。我们用两个完全一样的等腰直角三角形拼成了一个正方形，三角形的底、高与拼成的正方形的边长相等，所以，用一个正方形的面积除以2就是一个三角形的面积。

生4：我们组也用了拼的方法。我们用两个完全一样的三角形拼成了一个平行四边形，三角形的底、高与拼成的平行四边形的底和高分别相等。因为平行四边形的面积等于底乘高，所以一个三角形的面积等于拼成的平行四边形面积的一半。

师：同学们都动脑了，找到了求三角形面积的方法。刚才我听大家的汇报，有的小组把两个完全一样的三角形拼成了正方形，有的拼成了长方形，还有的用剪的方法把平行四边形分成两个一样的三角形，你们的做法都对！因为长方形、正方形都可以看成平行四边形。下面请同学们结合本组的操作再讨论一下：一个三角形的面积公式该如何表示？（学生很快说出：底×高÷2＝三角形面积）

（在认知冲突的基础上，学生们借助已有的知识和经验，用剪的方法，或用拼的方法，通过观察、讨论等探究策略自主发现了拼成的平行四边形的底、高、面积与原来一个三角形的底、高、面积的关系，顺利地解决了一节课的教学重点）

这一设计满足了建构主义学习环境设计的要求：提出了一个促进学习的实际情境，进行了充分的协作和互动，在活动中建构了知识的意义。

（三）凸显学习环境设计的特征

有效的教学设计是一种以学生为中心的设计，它最重要的特征应当是从学生感到困惑的实际问题开始，以启发引导学生形成有效的解决问题的学习方式作为目的。这样的教学设计必然有两个非常重要的特征：一是它要从学生的问题出发；二是它要指向形成解决问题的学习方式。

1. 教学设计是基于学生问题开出的处方。教学设计应当聚焦于问题与问题解决的方式，从问题求解出发来组织教学，而不是从原则、规则出发去规范教学行为。或者说，教学任务是组织学生学习，教学设计是要从学生的真实问题出发，而不是从教材或从教师假想的问题出发。

建构主义强调用真实情境呈现问题，营造问题解决的环境，以此活化学生问题解决过程中的知识和思维，变事实性知识（陈述性知识）为问题解决的工具（程序性知识），由此搜索与建构问题解决的策略（策略性知识）。建构主义主张用产生于真实背景中的问题启动学生的思维，以此支撑并鼓励学生解决问题，拓展学习时空，增强学习能力。

2. 教学设计要关注学生自主学习方式的习得。教学设计不仅要十分重视学生有效地获得知识和技能，还必须十分关注学生在学习过程中是否能习得一定的方法和态度，建构起自主、探究、合作学习的方式。现代教学设计把学生学习方式的培养放在教学设计突出的地位，一改传统教学设计只关注对"传输—接受"过程的优化。今天的教学设计在指导学生学习方面至少有两个转变：一是从仓库式—积累贮存式学习转变为蜜蜂式—采撷酿造式学习，教学设计关注的应是如何向学生展现"春天的原野"，让学生博采广撷，自我酿蜜；二是从知识学习向体验学习、发现学习的转变，教学设计关注的应是如何提供真实情境、模拟情境，让学生体验与尝试，发现与探究。①

① 黄伟. 社会转型与教学设计：宏观社会教育系统设计理论对我们的启示［J］. 外国教育研究，2001（2）：16-19.

三、 创造可以预约的精彩

教学设计是一种教学构想。没有这种事前的系统思考和缜密运筹，教学目标就很难全面实现。但构想毕竟只是头脑中的预设，在充满动态性、生成性的课堂上，教学设计又不能一成不变，因此，教师在教学设计时应当创造可以预约的精彩。

（一）辩证看待预设和生成

教学设计是针对实际教学活动所做的筹划和安排。这种预设促进了学生学习的有效性，从而为教学目标的实现提供了保证。因此，预设是教学设计最基本的工作。但是，一切预设在付诸实施时又不可能没有变动。在复杂的课堂教学环境中，在学生的生命活力被激发出来的情况下，生成又是不可避免的。应如何认识预设与生成之间的关系呢？我们来看一些优秀教师的讨论。

关于"精彩可以预约吗"的讨论

周益民老师在《人民教育》2004 年第 1 期上写了一篇文章：《无法预约的精彩》。他围绕着学生在课堂上生成的问题，提出了自己的一些看法。

在教寓言故事《鹬蚌相争》时，学生在课堂上提出了问题："你看，书上写鹬威胁蚌说：'你不松开壳儿，你就等着瞧吧。今天不下雨，明天不下雨，没有了水，你就会干死在这河滩上！你想呀，鹬的嘴正被蚌夹着呢，怎么可能说话呀？"于是，老师抛弃了原先的教学设计，引导学生展开讨论，向教材挑战，学生就在这样的讨论争辩中度过了一节无法预约的语文课。

其实，周益民老师陈述的现象，在新课程的课堂教学中并不罕见。因此，这一问题受到广大教师的关注，引发如火如荼的讨论，当在情理之中。许多教师在讨论中都提出应全面理解和把握课程与教学的三维目标，认真掂量课堂活动的意义、价值及其达到目标时的效率，尽力提高理性思考的自觉程度，去掉盲目性和形式化，在鼓励不同见解和保护学生积极性的基础上，认真不懈地引导和组织学生进行有效学习。

下面是一些老师的精辟的看法：

"把课堂教学中的生成性作为教学应该追求的一种境界、应当渗透的一种思想，而非一种实体性的内容，我们只能在接受、吸纳、运用、创新语言的基础上进行生成。"（张忠诚）

"新课程理念下的预约，是一种生成预约——以学生为本，以学生的生命成长和发展为本的预约。这种预约是在设计教学时，教师明确需要努力实现的三维目标以及实现这些目标的大体教学进程，并虚拟地进入头脑中的'课堂'，让自己、学生、课程、情境等因素通通动起来，设想很有可能出现的种种情况，当这些情况出现时，自己能够从容不迫地接纳和拥抱，并胸有成竹地将其引向'精彩'。其实，在教学实践中，很多'精彩'都是'预约'带来的。"

"课堂是奠定人格的基地。过去，我们对权威总是仰视和俯首膜拜。教师习惯了教教材，学生也习惯了以教材为标准的演绎与推理，我们与生俱来的好奇、怀疑随着知识的增多反而渐行萎缩。课堂中学生们质问的内容本身其实并不最重要，关键是他们开始具备大胆怀疑的意识与挑战权威的勇气。这不正是我们的教育应该竭力呵护并发扬光大的吗？"

"对于课堂中原生态资源的生成，教师应该及时捕捉，瞬间判断，而后作出'缩小''放大'或者'搁置'等策略处理。并非每一课都会有这种'无法预约'，更多时候，课堂是教师基于自己对教材的理解有意识地引导学生共同分享、创造教材文本意义的一场'精神盛宴'。不管怎样，这都需要我们突破教学计划细针密缝的窠臼，让大空间、大块状的写意设计步入教学预案。"（周益民）

（二）设计弹性化的方案

庄子云："水之积也不厚，则其负大舟也无力；风之积也不厚，则其负大翼也无力。"从根本上说，课堂教学中能否预约精彩取决于教师的素质修养、教学经验和实践智慧，课堂上每一个非预期事件的出现，都实实在在地考验教师的应变能力和教育机智。因此，教师能不能预约精彩的问题，就变成了教师能不能在日常的教学中通过不断的学习、反思、研究与探索去丰富自身的素养，提高解决实践问题的能力的问题。

不过，从教学设计的角度来说，恐怕教师首先要清醒地认识课堂和课堂教学的复杂性，并对此有充分的思想准备。在我国生机勃勃的教学实践中，一些有远见的教育家发出了"让课堂充满生命活力"的呐喊。重新审视教学设计与课堂操作的关系，成为构建充满生命力的课堂教学运行体系的一个重要方面。正如有的研究者所说："课堂教学不是教师教学行为模式化的场所，而是教师教育智慧充分展现的场所。"重新认识课堂也就是在重新认识教师和学生生活的舞台。①

为了应对课堂中的种种难以预料的变化和可能出现的突发事件，教师应当多考虑几种应急预案，进行弹性设计。由于教师的弹性设计已经为这些"可能"和"不确定性"的发生留下了足够的空间，教师已经有了足够的思想和智慧的准备，当这些"可能"和"不确定性"发生时，他就不会惊慌失措，乱了方寸，他依然能够引导学生创造出精彩。

教《马背上的小红军》的六个预案

教学《马背上的小红军》一课，在组织学生自主提出足以覆盖全文又具挑战性的"研读专题"这一环节上，教师设想了六个可能出现的预案：

——从末尾切入，可提出："陈赓到底对不对得起这个小兄弟？"

——从小红军提出的一番理由切入，提出："小红军说的这些理由是真的吗？为什么？"

——从"全明白"入手，可提出："陈赓'全明白了'明白的是什么？为什么开始不明白？是什么时候开始明白的？"

---

① 郑金洲. 重构课堂 [J]. 华东师范大学学报（教育科学版），2001（3）.

——从"受骗"入手，可提出："小红军为什么要骗陈赓？陈赓为什么会受骗？"

——从"称呼"入手，可提出："课文为什么对小红军先后用了四个称呼：'小红军''小家伙''小鬼''小兄弟'，联系这些称呼的含义，仔细研读课文。称呼为什么会有变化？"

显然，这样的设计思想，不是简单的线性排列，而是纵横捭阖的整体策划。教育既有全面周详的考虑，又能应对可能的变动和意外，处处都可牵一发而动全身。

（三）课堂教学既要追求动态生成，也要预设成功

所谓"动态生成"，是指教师在课堂上以学生有价值依据、有创见的问题和想法等细节为契机，及时调整或改变预设的计划，顺应学生学习问题的展开而获得成功。所谓"预设成功"，主要是指教师按预先设计的教案，顺利地完成教学计划，达到教学目标。动态生成与预设成功二者之间是相互联系、相互作用、相辅相成的关系。一方面，预设成功是学生有效学习的基础。预先拟定的教案，蕴含着教师的经验和智慧，是教师发挥主导作用，使学生成为学习主体，提高教学效益最重要的前提。一般而言，课堂教学大多还是预设成功的。另一方面，动态生成又是课堂有效学习的发展。教师在按计划实施预案时，能够随时捕捉到学生的疑问、创意和个性化的想法，因势利导地调整教学程序或重组教学内容，学生的生命活力得以张扬，主体性得到发挥，教学会收到事半功倍的效果。

课堂教学既要动态生成，也要预设成功，就应当设计弹性化的教学方案。这就是叶澜教授在"新基础教育"实验中提出的"在教学过程中强调课的动态生成，但并不主张教师和学生在课堂上信马由缰式地展开教学，而是要求有教学方案的设计，并在教学方案设计中就为学生的主动参与留出时间与空间，为教学过程的动态生成创设条件"。"教学过程的设计重在如何开始、如何推进、如何转折等的全程关联式策划。至于终点，何时戛然而止，并不是绝对的，重要的是水到渠成，不是硬性规定步子大小与全班齐步行进。过程

的设计也要有'弹性区间'，可以通过不同的作业、练习、活动来体现。"①

课堂教学中的动态生成与预设成功②

【案例一：预设成功】

课题：圆柱的体积

在教学"圆柱的体积"一课时，我先引导学生认识圆柱的体积，紧接着让学生试求圆柱玻璃容器中水的体积。

师：容器中水的体积是多少，你有办法知道吗？

生1：将"圆柱体的水"倒入长方体的容器中，再分别量出长、宽、高，就可以计算出圆柱的体积。

生2："称"水的重量，就能推算出体积了。

生3：我也听爸爸说过，水的比重是1，不用换算……

师：刚才同学们动脑筋想办法，用"倒""称"的方法解决了"圆柱体的水"的体积。如果将"圆柱体的水"换成"圆柱体的橡皮泥"，又该怎样计算它的体积呢？

生4：把橡皮泥放在长方体容器中，压成"长方体形的橡皮泥"。

生5：用手捏成长方体，量一量就可以计算体积了。

师：假如这个物体（指着橡皮泥）既不是"水"，又不是"泥"，而是圆柱体木块，你能计算出它的体积吗？

生6：将它浸在装有水的长方体的容器中，问题就能解决了。

生7：刚才我想，求圆柱体的体积，都是"倒""捏"，要是有一个计算圆柱体体积的统一方法就好了！

生8：我觉得圆柱体和长方体有联系。

此时，教师引导学生寻找、发现联系，从猜想到动手、验证，发现计算圆柱体的体积公式。

---

① 叶澜. 重建课堂教学价值观 [J]. 教育研究，2002 (5)：3-7，16.

② 王文忠. 课堂要动态生成，也要预设成功 [N]. 中国教育报，2004-7-21.

"圆柱的体积"一课，因为教师结合知识点，根据学生实际而预设教案，在解决生活中的圆柱体水、橡皮泥、木块等体积问题的基础上，学生联想到需要统一办法或公式，使学生感受到数学与现实生活的密切联系，通过观察、猜想、操作、验证等方式，培养学生探索和创新的意识，也让学生在学会、运用数学知识和方法解决一些实际问题的同时，创造出新知识，顺利地实现教学目标。

【案例二：动态生成】

课题：整数除以分数的计算法则

在复习的基础上，教师出示例 2（人教版小学数学第 11 册）：一辆汽车 $\frac{2}{5}$ 小时行驶 18 千米，1 小时行驶多少千米？引导学生根据"速度＝路程÷时间"，列出算式：$18÷\frac{2}{5}$

师：这是整数除以分数，请同学们想一想：该怎样计算？

生 1：可以把 $\frac{2}{5}$ 化成小数来计算：$18÷\frac{2}{5}=18÷0.40$。

生 2：我觉得这种方法有局限性。当除数不能化成有限小数时，用这种方法就不能很快计算出正确的结果。

生 3：因为分数除以整数（0 除外）等于分数乘以这个整数的倒数，我把 $\frac{2}{5}$ 看成一个数，它的倒数就是 $\frac{5}{2}$，也就是 $18÷\frac{2}{5}=18×\frac{5}{2}=45$。

当生 3 说完，全部同学先是一愣，然后都叫了起来："答案一样！"

原来设计的教案，是当教师提出问题后，假设学生不知道怎样计算，教师即按照预设的教学程序，引导学生逐步学习。课堂上教师提问后，学生当即有办法解答，并且能猜想新公式，这出乎教师的预设。而此时，教师略作思考即改变教案，教学转为动态生成。

师：大家想得很有道理，不过这种计算方法究竟是否正确呢？大家能验证一下吗？

同学们经过一番想、画、算，用线段辅助分析的方法进行验证。（图略）

生 1：从图上看，如果把 $\frac{2}{5}$ 小时行的千米数看成 1 份，那么 1 小时行的 $\frac{5}{2}$

千米数应该为 18 千米的 $\frac{5}{2}$ 倍。求 1 小时行多少千米，就是求 18 千米的 $\frac{5}{2}$ 是多少。列式为：$18 \div \frac{2}{5} = 18 \times \frac{5}{2} = 45$。

生 2：$\frac{2}{5}$ 小时行 18 千米，就是 2 个 $\frac{1}{5}$ 小时行 18 千米，可以先求出 $\frac{1}{5}$ 小时行多少千米。列式：$18 \div 2 = 18 \times \frac{1}{2}$ 千米。又因为 1 小时是 5 个 $\frac{1}{5}$ 小时，所以求 1 小时行多少千米，就是 $18 \times \frac{1}{2} \times 5$。根据乘法结合律，可以得到：$18 \div \frac{2}{5}$ $= 18 \times \frac{1}{2} \times 5 = 45$。

师：大家开动脑筋，发现并借助线段图想出整数除以分数的计算法则：整数除以分数，等于整数乘以分数的倒数。

教师话音未落，班里的"数字迷"张晨凯站起来说："老师，我想起来了，还可以利用商不变性质，同样可以推出整数除以分数的计算法则：$18 \div \frac{2}{5} = 18 \times \frac{5}{2} \div \left(\frac{2}{5} \times \frac{5}{2} \right)$；$18 \times \frac{5}{2} = 45$。"

数学课到此，从预设教案到动态生成，可谓波澜起伏，学生在"猜想—验证"的学习进程中，充分发挥出学习的积极性和主动性，多角度、多方面地探索新知，变被动学习为主动发展，不失为动态生成的成功案例。

四、 体现课堂教学的特质

课堂，是一个不同个性交融、多元声音交响的世界。素质教育课堂的愿景是保障每一个儿童的成长与发展。不懂得课堂世界的愿景、特质及其设计，课堂转型无从谈起。①

---

① 钟启泉. 课堂教学的特质与设计［N］. 中国教育报，2017-5-4.

（一）认识课堂教学的特质

差异是课堂教学的原动力。差异指多样化，意味着不同的思维方式、不同的学习风格，比如偏于直觉的或感知的、图像的或语言的、归纳的或演绎的、线性的或非线性的、外向的或内向的思维方式和学习风格等。差异是不同的欲望、认知的差异、情感的差异、社会的差异、文化的差异等。学生之间的差异是客观存在的。

这种差异绝不是什么"偏差"或是课堂教学的绊脚石。恰恰相反，差异是教学的关键、教学的基础，是课堂教学的原动力。从建构范式来看，学习是全局性地建构的，这种过程的主体是学生。因此，学生是知识的活跃的发现者与建构者。越是多样的学生，集体思维越是活跃。在这种学习范式中，知识是学习者所创造和建构的框架与整体。知识并不是砌墙那样线性地堆积起来的，而是形成整体架构与交互作用的。当这种框架得以理解并且付诸行为时，学习便形成了。基于差异的教学、尊重差异的教学，正是素质教育的课堂教学所追求的。

课堂教学是动态的生命体。课堂教学实际上是种种要素复杂交织而又与时俱进的现象，国际课堂研究专家把这种伴随着复杂性与不确定性的教学视为"动态的生命体"。在课堂中无论是儿童还是教师，都是构成教学动力系统的一个生命要素。课堂教学中的每一个人都作为各具个性的、独特的存在，日日夜夜在感悟、思考、坚守、互动，并且发生着变化。这种生命要素是面向人、事、物的世界开放的，是作为一种表达、表征来表现此时此刻同世界的关联的。这种动态生成的本质，其实就是在不断地表现自己。至于将会成为怎样一种表现，取决于其构成要素的内部状态。不过，构成要素的状态随着师生、生生的人际关系而发生变化。课堂教学中儿童的表现与教师的表现，就是这种关系的"结局"与"结晶"。儿童与教师正是在时时刻刻展示、吸纳与反驳之类的表现的生成与幻灭过程之中，形成自我认同，进而才有了各自的"主体性"根基。在上述的教学情境中，每一个儿童都在思考着并且表现着"自己"。

课堂教学之所以沿着一定的方向得以动态生成，是因为师生共同拥有目的与问题意识。儿童与教师在各自表现自己的同时，也形成着整合关系。这种关系正是催生教学场的原动力，凭借这种原动力，每一个儿童和教师创造着超越了自我的表现。

（二）从定型化走向情境化

面对动态生成的教学——拥有偶然性、混沌性、复杂性的"生命体"的教学，旨在合乎目的地加以控制的课堂教学设计，就是"定型化设计"。定型化设计是伴随产业社会的发展流行起来的概念。它把教学视为旨在实现教育目标有效达成的一种"系统"，并谋求最优化的一种思考方式，借助提示一般可控的少数要素，生成一定的关系，来解释对象的性质与行为。定型化设计从目标出发，旨在传递既知的知识及其知识体系，由此就产生了教学设计的预设特质。

在定型化设计中，执教者作为儿童学习之外的客观存在，在观察、评价、控制着儿童的学习。教师的作用是拥有信息，运用理论于实际、行为控制，以及忠实地执行计划；儿童是被操作的对象，是借助外部条件作用表现出理想的行为变化的存在。

"情境化设计"把复杂性和混沌性视为教学的本质。教学是人类的一种活动，是拥有多样的生活方式与经验的每个人共同拥有的、富于变化的、发展的"场域"。这种性质正是儿童与教师发现和创造的源泉。情境化设计不是一连串步骤的一个阶段。在教学前、教学中、教学后，教师的行为选择是教学设计的表现，评价意味着教学设计的生成。在这种教学设计中，无论教师还是儿童都处于教学的同一个系统之中，各自表现自己，并在互动中发挥作用。

情境化设计是一种对话。所谓形成对话就是彼此互动，以自己的经验，包容对方，生成经验。教师感同身受每一个儿童的学习，儿童也在感同身受中领会教师的教诲。在这种关系中，彼此渗透，相互变化。"对话"以变革对话的内容（自我否定的契机）作为前提，才得以形成。

情境化设计是生成教学的脚本。所谓脚本，是在教师、儿童、情境等的种种关系之中生成的，而后成为指引师生行为的看不见的"脉络"。这里的"脚本"不是"实体"，而是处于变化之中，只能在事后得以确认。

情境化设计的依据是创生模型。在不确定性、混沌性状态中，同人、事、物的密切接触生成经验，而经验的变化及其觉醒无非就是"智慧"的生成。每一个儿童在该时该地创生智慧，执教者同该情境相遇，助力智慧的创生，自身也获得了该情境的经验——这就是展开文化创造的学习共同体。这种动态的教学设计模式谓之创生模型。"创生"之所以有意义，就在于在拥有意志的伙伴之间的交互作用之中，生成新的意义。这既意味着进行有步骤的创造，也意味着偶然的发生。创生模型的意义就在于，儿童在此时此地由经验到智慧的生成而显现的行为状态。

从定型化设计走向情境化设计的关键一步是狭义的教学设计，即执教者在上课之前，把自己置身于教材、儿童、情境的复杂交互之中，包括变化的自己在内，编制课堂教学的方案。

（三）情境化设计的特征

如果说，依据定型化设计，教学的脚本是执教者创造的，那么在情境化设计中，教学的脚本却是教师和参与教学的每一个儿童在交往中共同创造的。在教学之前，教师和每一个儿童都有其自身的教学叙事。这是各自描述的教学中学习的假设，但每个人内心形成的故事未必能够成为教学的故事。构成教学成员的每一个人都会发挥自身的双重作用：一是"个人自身"——这就是在感悟着、思考着、决定着、表达着的自己；另一个是"场的自我"——这就是在这个教学场中，作为整体去感悟该场，或者对该场做出反应的自己。在教学场中，一方面凭借自己的意志在行动，另一方面又在这个场中自我观察自身。正是观察自身的自我在参与教学叙事的创造。正因为"教学场"是分享的，所以成员之间展开的叙事才能作为假设来分享；正因为分享教学的叙事，成员之间才能够借助神情手势的信息交换，时刻确认彼此之间的叙事。

在以儿童学习为中心的情境化设计中，重要的是教师尽可能不喧宾夺主，尽可能贴近儿童的兴趣与爱好，不妨碍学习的流程。教师倘若能够准备丰富多样的素材与用具，设计学习环境，谋求时间与空间的弹性化，等待来自儿童内心的表现，并且捕捉儿童的闪光点，那么，儿童学习中心的情境化设计就一定会实现。这种教学一般体现了如下特征：

1. 着力于"意义建构"。定型化设计陷入了教的陷阱。教之所以成立，是由于儿童的学。不过，倘若是真正的新知，儿童是不了解学习它的必要性的——在这里存在着学习的悖论。倘若儿童是可教的，那么，儿童就可以凭借经验去接触。就是说，学习是在不确定的状况中去体验，并且赋予经验以一定的意义。但经验是不可能以教师传递、儿童接受的方式去教授的。教育的悖论从根本上说就在于，学习是一种经验，并且赋予这种教育以一定的意义。尽管如此，这种经验却是不可授受的。教育者只能为儿童提供经验的"场"，促进其赋予这种经验以一定的意义。儿童唯有借助自身展开的教育，才能学会知识。因此，情境化设计是一种作为"经验场"的教学设计。

2. 着力于"交互表现"。教学是受教师的叙事所导引的自我表现的"场"，同时是受儿童各自的叙事所导引的作为表现的"场"。教师以教学这个场为媒介，在自己的内心世界反映儿童的内心世界；同时儿童以教学这个场为媒介，在自己的内心世界反映教师的内心世界。借助这种相互交融，两者的世界得以整合。彼此把自身反映在他者的自身、他者不分离的交互作用状态之中，才可能创生教学剧本。每一个儿童都是根据各自的剧本建构自己的叙事。教学剧本是教师与儿童一道创造的。因此，情境化设计是一种作为"表现的生成与交错"的教学设计，着力于"随机生成"。在作为动态生命体的教学中，教师和每一个儿童都是以个性化的独特存在直面世界，时刻同新的世界相遇，同新的他者相遇，表现着自己。每一个人都在形成着自身的叙事，并且受这种叙事的导引，表现着自己。因此，情境化设计是一种基于学习者的叙事而随机生成的教学设计。

3. 着力于"前反馈"。如果说定型化设计的特征是"反馈控制"，那么，情境化设计的特征是"前反馈"，这是种对期待的调整，即秉持某种理想的状态目标，而又针对现实，及时调整预期目标。动态的生命体基于反馈与"前反馈"兼施的方式展开。围绕生命体的环境越是复杂和不确定，"前反馈"越是必要。